역사 이야기 속에 숨어 있는 재미난 우리말

흥청망청과 땡전이 웬 말??

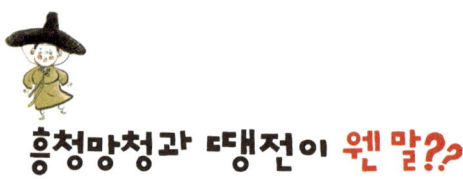

흥청망청과 땡전이 웬 말??

1판 1쇄 발행 2015년 4월 10일
1판 4쇄 발행 2017년 7월 17일

글 이경순 **그림** 최희옥
펴낸곳 도서출판 그린북
펴낸이 윤상열
기획 및 편집 윤인숙 김현경
표지 및 본문 디자인 쏘굿디자인
마케팅 윤선미
경영관리 박은성
출판등록 1995년 1월 4일(제10-1086호)
주소 서울 마포구 방울내로 11길 23 302호(망원동 두영빌딩)
전화 02-323-8030~1 **팩스** 02-323-8797
블로그 http://GREENBOOK.KR
이메일 gbook01@naver.com

글 ⓒ 이경순 2015

이 책의 저작권은 저자와 출판사에 있습니다.
서면에 의한 저자와 출판사의 허락 없이 내용의 일부를 인용하거나 발췌하는 것을 금합니다.

ISBN 978-89-5588-277-3 73810

* 파손된 책은 구입하신 곳에서 바꾸어 드립니다.

* 이 도서의 국립중앙도서관 출판예정도서목록(CIP)은 서지정보유통지원시스템 홈페이지(http://seoji.nl.go.kr)와 국가자료공동목록시스템(http://www.nl.go.kr/kolisnet)에서 이용하실 수 있습니다.(CIP제어번호: CIP2015009696)

역사 이야기 속에 숨어 있는 재미난 우리말

흥청망청과 땡전이 웬 말??

글 이경순 그림 최희옥

그린북

차례

책장을 펼치며 • 우리말 속에는 역사가 서려 있어요! • 8

1장 역사 속 사건에서 우리말이 나왔대요!

나뭇등걸에 마주 앉아 술을 나눠 마시는 **사돈**! • 12
두문동에서 **두문불출**! • 15
한번 가면 오지 않는 **함흥차사** • 18
신숙주처럼 쉽게 변하는 **숙주나물** • 21
흥청을 뽑아 **흥청망청**! • 24
그 사람이 **꾸어다 놓은 보릿자루**? • 27
인색한 **자린고비**가 나눌 줄을 아네! • 31
끈 떨어진 **망석중**이니 쓸모가 없네! • 36
손과 발이 꽁꽁! 몹시 추운 **사명당 사첫방** • 40
고루고루 잘 섞인 **탕평채** • 44

저 고집 쎈 **옹고집** 같은 녀석! • 48
보리동지 주제에 거들먹거리긴! • 52
이것저것 모두 모아 놓은 **잡동사니**! • 56
겨우 삼일 동안 나라를 호령했으니 **삼일천하**일세! • 59
날씨가 꼭 을사년처럼 **을씨년스럽네** • 63
떼를 운반하면 **떼돈**이 들어온다고? • 66
땅에 떨어진 땅돈이니 **땡전**일세! • 70
수명이 십 년은 줄었으니 **십년감수**해야겠네! • 72
노 터치! **노다지**! • 75

2장 역사 속 문화에서 우리말이 나왔대요!

딴전 보다가 손님 다 도망갈라! • 80
전염병도 바가지 긁는 소리는 싫어해! • 83
두 아들이 출가하니 이판사판! • 86
작대기로 외상을 그어 놓세! • 89
안성의 유기가 안성맞춤이야! • 92
한량이 매일 저렇게 놀러 다녀서야 • 95
선농제 뒤에 먹는 맛있는 설렁탕 • 98
통금을 어긴 자들에게 경을 쳐라! • 101
옥신각신 실랑이를 벌이며 신래위를 해요 • 105
없는 게 없는 난장 • 109
통금을 어긴 사람을 잡는 순라군은 술래! • 113
햇보리가 나오면 보릿고개일세! • 116
잘못 뒤집으면 바가지를 써요 • 120
저 남산골 샌님은 언제쯤 합격할까? • 124

한 푼 두 푼 푼돈을 모아요 • 127
깍쟁이 같은 가게쟁이는 물건 파는 선수! • 130
오늘의 당번 패거리가 우르르! • 134
아직 한참은 더 가야지! • 137
영감마님 납시오! • 140
죄인들을 삼수와 갑산으로 보내라! • 144
해산했을 때는 미역국을 먹어야지! • 147
아이 나리를 놀리네, 얼레리 꼴레리! • 150
차비노가 차비를 해야 시작하지! • 153
열립해 손님을 모으는 여리꾼 • 157
기별을 보내어 소식을 전하라! • 160
이 사람으로 점을 찍겠소! • 162
낮에 시를 지으니 백일장이네! • 165

책장을 덮으며 • 역사 속으로 다녀온 우리말 여행 • 168
찾아보기 • 170

우리말 속에는 역사가 서려 있어요!

여러분! '알나리깔나리'란 말을 알고 있나요? 잘 모른다고요? 그럼 '얼레리꼴레리'는요?

그래요, 이 말은 들어 봤을 거예요. 흔히 누군가를 놀릴 때 쓰는 말인 '얼레리꼴레리'는 '알나리깔나리'가 변해서 된 말이에요. 그럼 왜 누군가를 놀릴 때 '알나리깔나리'라고 했을까요? 그 이유는 조선 시대의 한 어린 소년과 관련이 있답니다. 소년은 어린 나이에 어렵다는 과거 시험에 합격해서 한 고을을 다스리는 원님이 되었지만 어리다고 깔보는 나이 많은 아전*들과 갈등을 겪습니다. 그러자 어린 원님은 한방의 역습으로 어려움을 통쾌하게 해결해 내지요. 아이 나리가 알나리가 되고 또 얼레리 꼴레

*아전 : 원님 밑에서 원님의 일을 도와주는 하급 관리.

  리가 되는 과정의 이야기 속에서 어린 소년의 지혜를 느낄 수 있답니다.

  또 다른 이야기를 해 볼까요? 여러분이 방이나 거실을 어질러 놓으면 어른들은 "어머 왜 이렇게 난장판이니?"라고 합니다. 또 뭔가를 사 달라고 조를 때면 "나 땡전도 없다."라고 하기도 해요. 심부름 갔다가 돌아오지 않거나 소식이 없을 때면 "함흥차사네."라고 하고요. 왜 하필 '난장판', '땡전도 없다.', '함흥차사' 이렇게 말할까요? 물론 여기에도 그렇게 쓰게 된 이유가 있답니다. 어떤 이유인지 궁금하죠?

  자, 그럼 얼른 이 책을 펼쳐 보세요. 궁금증이 확 풀리는 건 물론이고 역사 속으로 신 나는 여행도 떠날 수 있을 거예요.

2015년   이경순

1장
역사 속 사건에서 우리말이 나왔대요!

우리나라는 반만년의 길고 긴 역사를 가지고 있어요.
긴 역사만큼 많은 사건들이 있었지요.
여러 역사적 사건들을 거치며 새로운 우리말이 생겨나기도 했어요.
어떤 말이 어떤 재미있는 사건을 품고 있을까요?
함께 알아보아요!

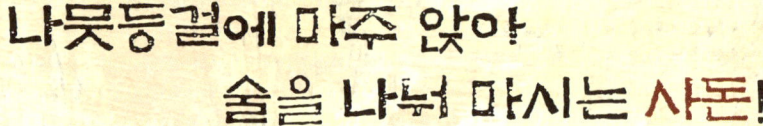

나뭇둥걸에 마주 앉아 술을 나눠 마시는 사돈!

고려 시대 예종 때 여진을 정벌하고 동북 9성을 쌓은 분이 있었어요. 바로 윤관 장군입니다.

윤관 장군은 오연총 장군과 친한 친구 사이였어요. 두 사람은 힘을 합쳐 여진족을 정벌하면서 더욱 친해져서 자신들의 아들딸을 혼인시키기에 이르렀지요.

비가 부슬부슬 내리는 어느 봄날이었습니다.

윤관 장군은 사랑채에 앉아 책을 읽고 있었어요. 그 때 열린 창문으로 술 익는 냄새가 솔솔 풍겨 왔습니다.

'음……, 냄새가 좋군. 술이 아주 잘 익은 모양이야.'

윤관 장군은 잘 익은 술 생각에 침을 꼴깍 삼켰어요. 동시에 오랜 벗인 오연총 장군이 떠올랐지요.

"안채에 가서 술 한 동이를 챙겨서 나를 따라오너라."

윤관 장군의 말에 하인은 안채로 내달렸어요.

윤관 장군이 외출 채비를 하고 대문을 나서자 하인도 지게에 술동이를 지고 얼른 뒤따랐어요. 개울만 건너면 오랜 벗인 오연총 장

군의 집입니다.

 그런데 개울 앞에서 윤관 장군이 난처한 표정을 지었어요. 간밤에 내린 비 때문에 개울물이 불어 건널 수가 없었거든요.

 '이 일을 어쩐다.'

 윤관 장군이 개울물을 바라보며

윤관 장군과 오연총 장군이 누구예요?

윤관 장군과 오연총 장군은 고려 예종 때의 장군으로 여진 정벌을 함께 한 인물입니다. 발해가 멸망한 이후에도 발해 백성들이 그 자리에 남아 여진으로 불리고 있었어요. 이들은 요와의 전쟁과 오랜 발해 부흥 운동으로 국토가 황폐해져 고려에서 생산되는 많은 물품들이 필요했어요. 고려와 교류를 원했지만 당시 고려의 문인들은 여진을 '오랑캐'라고 멸시하며 받아들이지 않았지요. 그러자 여진은 고려를 침입했고, 고려는 많은 피해를 입었어요. 때문에 고려는 윤관 장군과 오연총 장군의 건의를 받아들여 별무반을 만들어 군사를 키운 후 1107년(예종2년) 12월, 여진 정벌에 나섰어요. 그리고 출정한 지 30여 일 만에 동북 9성 지역을 되찾아 성을 쌓았지요. 이렇듯 여진 정벌을 함께 하며 두 장군의 우정은 더욱 두터워졌답니다.

망설이고 있는데 건너편에 오연총 장군이 나타났습니다.

"함께 술 한 잔 하려고 지금 자네한테 가는 중이었네. 자넨 어딜 가는 길인가?"

윤관 장군이 개울 건너편 오연총 장군을 향해 소리쳤어요.

"나 또한 자네한테 가는 길이었네. 우리 집 술이 마침 아주 잘 익었지 뭔가."

오연총 장군도 큰 소리로 외쳤어요.

"허허, 그랬구먼. 그런데 개울물이 불어 건널 수가 없으니 이렇게 마주 앉아 한 잔씩 하세."

윤관 장군과 오연총 장군은 나뭇등걸에 걸터앉아 개울물을 사이에 두고 마주 바라봤어요. 서로 술잔을 권하기도 하고 마시기도 하며 해가 저물도록 함께 했답니다.

여기서 나온 말이 바로 '사돈'입니다. 사돈이란 말은 나뭇등걸에 마주앉아 술을 마시는 사이란 뜻입니다. 그 후, 결혼한 두 집안의 부모들 사이를 '사돈'이라고 부르며 지금까지 이어오고 있답니다.

이럴 때 이렇게 쓰여요

외할아버지께서 빙판길에서 그만 미끄러져서 발목을 삐끗했어요. 그 소식을 전해 들은 할아버지가 엄마에게 걱정스러운 얼굴로 물으시네요.

"사돈 어른 발목은 괜찮으신가?"

두문동에서 두문불출!

고려 시대 말기입니다.

이성계는 고려의 34대 임금인 공양왕을 쫓아내고 35대 임금이 되었어요.

그러고는 나라 이름을 '조선'으로 바꾸어 버렸지요.

"이런 법은 없소. 어찌 신하가 임금을 쫓아내고 그 자리를 차지한단 말이오."

"옳은 말이오. 신하는 두 임금을 섬길 수 없소."

고려의 신하들은 목청을 높였어요.

"절대 조선이란 나라의 신하가 될 수는 없소. 나는 두문동으로 들어갈 것이오."

"같이 갑시다. 산나물을 뜯어 먹고 사는 한이 있어도 조선의 벼슬은 하

> **조선의 건국을 알아보아요!**
>
> 고려 시대 말이에요. 명나라가 철령 북쪽의 고려 땅을 돌려달라고 요구해 왔어요. 그러자 최영은 명이 차지하고 있는 요동 지역도 원래 고려 땅이었다며 요동 정벌을 주장했어요. 이에 대해 이성계는 네 가지 이유를 들어 반대했어요. 작은 나라가 큰 나라를 거스르는 일은 옳지 않으며, 바쁜 농사철이라 군사를 동원할 수 없고, 명과 싸우는 사이 왜구가 쳐들어올 것이며, 여름철이라 활의 아교가 녹아 힘이 약하고 전염병이 유행할 거라는 이유였지요. 하지만 이성계는 우왕과 최영의 강력한 주장에 따라 결국 군사를 이끌고 요동 정벌을 떠나야 했어요. 요동으로 가던 이성계는 압록강의 위화도에서 말을 돌려 개경으로 돌아와 최영을 귀양 보내고, 우왕 대신 어린 창왕을 왕위에 앉혔어요. 일 년 뒤에는 공양왕에게 왕위를 잇도록 했지요. 그사이 이성계는 군사력을 장악하고 권력을 가진 뒤, 1392년에 마침내 고려의 35대 왕으로 등극했어요. 그리고 국호를 조선으로 바꾸었답니다.

지 않겠소."

그리하여 일흔두 명의 고려 신하들은 수도 개성의 광덕산 서쪽에 있는 두문동에 모여 마을의 동쪽과 서쪽에 문을 세우고 빗장을 걸었어요.

그 모습에 태조 임금은 속이 탔지요.

'두문동으로 들어간 이들이 나와서 벼슬을 해야 나도 체면이 설 터인데. 이 일을 어찌한담……'

태조 임금은 고민 끝에 한 가지 꾀를 생각해 냈습니다.

"여봐라, 두문동으로 들어간 이들만을 위한 과거 시험을 열겠다. 방을 붙여 그들에게 알리고 과거 시험을 준비하라."

태조 임금의 명에 신하들은 즉시 방을 붙이고 과거 시험을 열 준비를 했어요.

드디어 과거 시험이 열리는 날이었습니다.

"여봐라, 과거 시험장에 가서 제대로 시험이 치러지고 있는지 둘러보라."

태조 임금은 명을 내린 뒤 초초하게 소식을 기다렸어요.

"상감마마, 아뢰옵기 황송하옵니다만 과거 시험장에 단 한 명도 나오지 않았다고 하옵니다."

　신하의 보고에 태조 임금은 얼굴이 벌개졌어요.
　두문동으로 들어간 고려 신하들은 그 후뿐 아니라 죽을 때까지 두문동 문 밖으로 나오지 않았답니다.

여기서 나온 말이 바로 '두문불출'입니다. 문을 닫고 밖으로 나가지 않는다는 뜻으로, 집에만 틀어박힌 채 사회의 일이나 관직에 나아가지 않음을 이르는 말입니다.

이럴 때 이렇게 쓰여요

방학 동안 마음을 다잡고 열심히 공부해서 다음 학기에 눈에 띄게 성적을 올린 경험이 있나요? 친구들도 만나지 않고 집에서 열심히 공부한 결과가 나타나 뿌듯하지요. 친구들이 이렇게 인정해 줄 거예요.
"방학 내내 두문불출하더니, 안 보이는 동안 혼자 열심히 공부했구나!"

한번 가면 오지 않는 함흥차사

조선을 세운 태조 이성계는 두 명의 부인에게서 여덟 아들을 얻었어요. 그중 여섯째까지는 첫째 부인에게서 태어났고, 일곱째와 여덟째는 둘째 부인에게 태어났어요.

왕이 된 후 태조 임금은 자신의 후계자를 정해야 했지요.

"여덟째 방석이를 세자로 삼겠노라."

그 말에 다섯째 방원은 몹시 화가 났어요. 아버지 이성계가 왕 위에 오르는 데 방원이 큰 역할을 했거든요.

'세자 자리를 막내에게 빼앗길 수는 없어.'

결국 방원은 일곱째 방번과 세자가 된 방석이를 모두 죽였어요. 방석이가 세자가 되도록 힘을 쓴 신하 정도전도 죽였지요.

"천하에 몹쓸 놈, 너한테는 절대 왕위를 물려주지 않겠노라! 내가 살아 있는 한 다시는 너를 보고 싶지 않다!"

화가 난 태조 임금은 왕위를 방원의 형 방과에게 물려주고 고향인 함흥으로 떠나 버렸어요. 얼떨결에 조선의 2대 왕이 된 방과는 늘 동생 방원이 무섭고 두려웠지요. 그래서 왕위에 오른 지 2년 만에 스스로 방원에게 왕위를 물려주고 물러났어요.

방원은 자신의 뜻대로 조선의 3대 왕이 되었지만 아버지가 함흥에서 머물고 있으니 마음이 편치 않았어요.

"세월이 흘렀으니 아버님도 화가 많이 풀리셨겠지. 여봐라, 함흥으로 차

> **제1차 왕자의 난이 일어났어요!**
> 태조 이성계는 첫째 부인 한 씨에게서 방우·방과·방원 등 여섯 형제를 두었고, 둘째 부인 강 씨에게서 방번·방석 두 형제를 두었어요. 그런데 태조는 다른 아들들을 제쳐두고 자신이 아끼는 강 씨 소생의 막내아들 방석을 세자에 책봉했답니다. 한 씨에게서 난 왕자들은 이것이 몹시 못마땅했어요. 특히 조선 건국에 큰 역할을 했던 다섯째 방원의 불만은 아주 컸지요. 그러던 중 정도전·남은 등이 왕실의 힘을 약화시키고 새로운 유교의 나라를 만들 목적으로 왕실의 사병을 없애려고 하자 이방원은 한 씨에게서 난 왕자들과 함께 1398년 8월 25일 정도전·남은 등 반대 세력을 없애고, 세자인 방석과 방번까지 모두 죽였어요. 이 사건을 제1차 왕자의 난이라고 합니다.

사*를 보내 상왕*을 모셔 오너라."

태종 임금의 명에 차사가 함흥으로 떠났어요.

"상왕 전하를 모셔 오라는 주상 전하의 분부가 계셨사옵니다."

함흥에 도착한 차사가 이성계에게 아뢰었어요.

"내 다시는 그놈을 보고 싶지 않다고 하지 않았느냐!"

화가 난 이성계는 그 자리에서 아들이 보낸 차사를 죽여 버렸어요.

'아버님이 아직도 화가 안 풀리셨구나. 그래도 꼭 모셔 와야 해.'

태종 임금은 포기하지 않고 함흥으로 다시 차사를 보냈어요. 그러나 이번에도 차사는 돌아오지 않았지요.

그 후로 계속 차사를 보냈지만 역시 아무도 돌아오지 못했어요. 방원에 대한 원망과 분이 풀리지 않은 이성계가 차사가 올 때마다 죽이거나 가둬서 돌려보내지 않았기 때문입니다.

***차사** : 임금이 중요한 임무를 위해 파견하던 벼슬 또는 그런 벼슬아치.
***상왕** : 자리를 물려주고 들어앉은 임금.

여기서 나온 말이 바로 '함흥차사'입니다. 함흥에 차사를 보내면 돌아오지 않는다는 뜻으로, 심부름 갔다가 한참 동안 돌아오지 않거나 소식이 없을때 '그 사람 함흥차사네.' 라고 하지요.

이럴 때 이렇게 쓰여요

엄마의 심부름을 가다가 문방구 앞에 있는 오락기에서 친구가 재미있게 게임을 하는 것을 보고 정신이 팔려 엄마의 심부름을 깜빡할 때가 있지요. 엄마는 지금쯤 집에서 이렇게 중얼거리고 있을 거예요.

"심부름 간 지가 언젠데 아직도 함흥차사야!"

신숙주처럼 쉽게 변하는 숙주나물

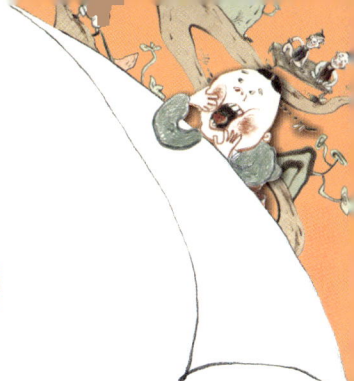

조선의 7대 임금인 세조 때의 일입니다.

세조는 조카인 어린 단종 임금을 내쫓고 왕위에 올랐어요. 그러자 성삼문을 비롯한 몇몇 신하들은 단종을 다시 왕으로 모시려는 계획을 세웠지요. 하지만 그 계획은 탄로가 났고, 세조는 즉시 그 일에 관련된 사람들을 모조리 잡아들였어요.

"네놈들이 역적모의*를 했으렷다! 하지만 지금이라도 과인 편에 선다면 살려 주겠노라."

"나리, 역적모의라뇨! 그릇된 일을 바로잡는 건 신하의 당연한 도리입니다."

성삼문이 세조를 똑바로 쳐다보며 말했어요.

"네 이놈! 지금 나를 보고 '나리'라 했느냐? 그러면서 그동안 내가 준 녹봉은 꼬박꼬박 받았으렷다!"

*역적모의 : 역적들이 모여 반역을 꾀하는 일.

생육신과 사육신이 뭐예요?

사육신은 조선 세조 때 단종을 다시 왕으로 세우려다 죽은 여섯 명의 신하인 이개, 하위지, 유성원, 성삼문, 유응부, 박팽년을 말합니다. 이들은 집현전 학사로서 세종의 신임을 받았고, 문종에게 어린 세자인 단종을 잘 보필하여 달라는 부탁을 받았어요. 그러나 왕권이 강해야 한다고 여겼던 수양 대군이 1455년, 조카인 단종을 몰아내고 왕위에 올랐어요. 이에 이들은 단종을 다시 왕위에 앉히려 계획했지만 탄로가 나서 고문 끝에 죽음을 맞았어요.

생육신은 김시습을 비롯하여 원호, 이맹전, 조려, 성담수, 남효온으로, 살아서 단종을 따른 여섯 명의 신하를 말합니다. 이들은 평생 벼슬길에 나아가지 않고 세조를 반대하며 단종을 따르고 추모했다고 합니다.

"그럴 리가 있습니까? 나리가 준 녹봉은 우리 집 창고에 그대로 쌓아 두었으니 모두 가져가십시오!"

성삼문은 세조를 향해 소리친 뒤 옆에 선 신숙주에게로 눈길을 돌렸어요.

"이놈, 신숙주야! 너는 어찌하여 나리 옆에 붙어 있는 것이냐? 두 분 선왕*께서 너를 그토록 아끼셨건만 단종 임금님을 잘 보필해 달라는 명까지 거스르다니! 네 어찌 이렇듯 배신할 수가 있느냐?"

성삼문의 말에 신숙주는 슬며시 세조 뒤로 숨었어요.

신숙주는 집현전 학사 시절 늦도록 일하다 잠든 자신의 등에 단종의 할아버지인 세종 임금이 용포를 벗어 덮어 준 일을 아직도 또

*선왕 : 선대의 임금.

렷이 기억하고 있었어요. 단종의 아버지인 문종 임금도 자신을 몹시 아껴 주었지만 세조 편이 되어 영의정 자리에까지 올랐지요.

"네놈이 정녕 살고 싶은 생각이 없는 게로구나. 여봐라, 저놈과 그 일당들을 모두 능지처참하도록 하라!"

분노한 세조의 명에 성삼문과 박팽년, 이개, 유응부 등 여섯 신하는 결국 죽음을 맞았어요.

"소식 들었는가? 신숙주가 단종 임금님을 배신했다는군! 쯧쯧! 그놈의 절개는 여름철 녹두나물처럼 쉽게 변하는구면."

"그러게 말일세. 앞으로 녹두나물을 숙주나물이라 불러야겠군."

> 여기서 나온 말이 '숙주나물'입니다. 신숙주가 자신을 아껴 준 세종, 문종과의 의리를 저버리고 세조 편에 선 것을 두고 백성들은 그의 절개가 여름철 녹두나물처럼 쉬이 변한다고 하여 녹두나물이란 이름 대신 숙주나물로 불렀다고 합니다.

이럴 때 이렇게 쓰여요

우리나라에는 음력 정월 대보름이 되면 풍년과 건강을 위해 오곡밥과 부럼, 나물 등을 먹는 풍속이 있어요. 그래서 정월 대보름이 되면 엄마는 부엌에서 분주하게 움직일 거예요.

"오곡밥과 부럼은 다 준비했으니 이제 아삭아삭한 숙주나물을 무쳐 볼까!"

흥청을 뽑아 흥청망청!

조선의 10대 임금인 연산군 시절입니다.

"여봐라, 전국에 채홍사*를 보내 예쁜 여자들을 뽑아 궁궐로 올려라."

연산군이 신하들을 향해 명령했어요.

"전하, 이제는 부디 나랏일을 좀 돌보시옵소서."

신하들은 이렇게 아뢰고 싶었지만 누구도 감히 나서질 못했어요. 그즈음 연산군은 자신을 낳고 궁궐에서 쫓겨난 어머니 폐비 윤 씨의 죽음을 알게 되어 몹시 사나워져 있었거든요.

연산군은 어머니를 쫓아내는 데 앞장선 사람들을 잡아다가 마구 죽였어요. 그래도 화가 풀리지 않자 나랏일을 돌보는 대신 매일같이 기생들을 불러들여 잔치를 벌였

연산군이 폭군이었대요!

조선의 10대 임금인 연산군은 성종의 세 번째 부인인 폐비 윤 씨의 아들입니다. 윤 씨는 시어머니인 인수 대비와 사이가 좋지 않았어요. 그러던 어느 날 윤 씨가 질투심이 나서 성종의 얼굴을 할퀴어 상처를 내었어요. 그 일로 윤 씨는 인수 대비와 성종의 분노를 사 왕비 자리에서 쫓겨났다가 결국 사약을 받고 죽습니다. 임금이 된 뒤에야 그 사실을 알게 된 연산군은 어머니의 죽음과 관련된 이들을 마구 죽였는데, 이를 '갑자사화'라고 합니다. 이후 연산군은 정치에 흥미를 잃고 전국에서 아름다운 처녀와 기생들을 뽑아 와 놀기를 일삼았어요. 이들 중에서도 미모와 재능이 빼어난 여자들을 '흥청'이라고 했어요. '흥청' 중 유명한 여인이 바로 장녹수입니다. 장녹수는 연산군의 마음을 사로잡은 뒤 권력을 휘둘러 연산군을 폭군으로 만든 주인공이기도 합니다. 1506년, 연산군은 결국 중종반정으로 임금 자리에서 쫓겨나고 말았지요.

*채홍사 : 조선 연산군 때 예쁜 여자를 뽑기 위해 지방에 파견된 벼슬아치.

어요.

"상감마마께서 노하시기 전에 얼른 서두릅시다. 괜히 어물거리다 임금님의 기분이 상하면 우린 죽은 목숨이니까."

채홍사들은 전국 팔도로 길을 떠났어요.

곧 채홍사들이 뽑아 온 예쁜 여자들이 줄줄이 궁궐로 들어왔어요.

"노래와 춤, 인물이 뛰어난 여자들을 가려 뽑아 '흥청'이라고 하여라. 내 수시로 흥청이들을 데리고 즐거운 연회를 열 것이다."

연산군의 명에 관리들은 여자들 중 다시 흥청을 가려 뽑았어요.

"자, 풍악을 울려라."

연산군은 매일 흥청을 불러 놓고 떠들썩하게 잔치를 열었어요.

"쯧쯧! 저렇게 흥청거리다간 나라가 망하고 말지."

백성들은 너도나도 숨죽여 탄식을 했어요.

여기서 나온 말이 바로 '흥청망청'입니다. 흥청 때문에 연산군이 망했다 해서 별 뜻 없이 한데 어울러 쓴 것이 사람들의 입에 자주 오르내리면서 하나의 낱말처럼 굳어진 것이죠. 이것저것 가리지 않고 마구 낭비하는 것을 두고 하는 말입니다.

이럴 때 이렇게 쓰여요

부모님께 용돈을 받으면 친구들과 어울려 맛있는 과자도 사 먹고, 재밌는 게임도 할 생각에 신이 나지요. 하지만 그렇게 놀며 용돈을 다 써 버리면 엄마에게 혼나고 말 테니 용돈은 아껴서 꼭 필요할 때 잘 써야 해요.

"흥청망청 그렇게 써 버리면 어떡해. 아껴야지!"

그 사람이 꾸어다 놓은 보릿자루?

역시 조선 10대 임금인 연산군 시절의 일이에요.

나랏일에는 소홀한 채 술과 여자로 세월을 보내는 연산군을 보다 못해 박원종, 성희안 등 몇몇 신하가 연산군을 몰아내고 나라를 바로잡고자 뜻을 모았어요.

일을 벌이기로 한 전날 밤, 박원종의 집에 모여 마지막 점검을 하기로 했지요.

"드디어 내일이오. 작은 것 하나라도 소홀히 해선 안 되니 돌아가면서 각자 맡은 일을 다시 한 번 정리해 봅시다."

성희안의 말에 방 안에 모인 사람들은 차례로 자신이 맡은 일에 대해 이야기했어요.

그런데 이상했어요. 돌아가면서 모두 이야기를 했는데 구석에 앉은 한 사람만은 입을 꼭 다물고 있는 게 아니겠어요. 하지만 달빛도 없는 데다 비밀이 새어 나가지 않도록 불을 켜지 않은 터라 그 사람이 누군지 알아볼 수가 없었어요.

하는 수 없이 성희안은 방에 있는 사람들의 수를 세어 봤어요.

그런데 놀랍게도 모이기로 한 사람보다 한 명이 더 많았어요.

"박 대감, 우리 중에 염탐꾼이 한 명 있소."

놀란 성희안이 숨을 죽인 채 박원종의 귀에다 소곤거렸어요.

순간 박원종은 가슴이 철렁 내려앉았어요. 만약 염탐꾼이 있다면 내일 벌이기로 한 일은 물거품이 될 뿐 아니라 여기 모인 사람들은 하나도 살아남지 못할 테니까요.

박원종은 어둠 속에서 방 안에 모여 앉은 사람들을 하나하나 살폈어요. 하지만 아무리 살펴봐도 염탐꾼은 보이지 않았어요.

"성 대감, 대체 염탐꾼이 어디 있단 말이오? 숫자도 딱 맞는데 말이오."

박원종이 성희안의 귀에다 소곤대자 성희안은 손가락으로 구석에 앉아 입을 꼭 다물고 있는 사람을 가리켰어요. 잠시 그쪽을 뚫어지게 보던 박원종이 갑자기 껄껄 웃었어요.

"하하하! 성 대감, 그건 사람이 아니오. 내일의 큰일을 위해 내가 꾸어다 놓은 보릿자루요."

박원종의 말에 성희안은 다시 한 번 그 사람을 뚫어지게 봤어요. 정말 그것은 사람이 아니라 보릿자루였어요.

그 보릿자루 위에 누군가가 갓과 도포

중종반정이 뭐예요?
연산군 12년인 1506년 조선의 10대 왕인 연산군을 몰아내고 중종을 왕위에 올린 사건입니다. 반정이란 '올바른 곳으로 돌아간다.'라는 뜻이에요. 연산군은 왕위에 있는 동안 나랏일을 제대로 돌보지 않고 방탕한 생활을 했고, 두 차례의 사화를 일으켜 많은 관료들을 죽음으로 몰아넣었지요. 그리하여 문관 관료들의 불만은 나날이 쌓여 갔고 결국 박원종·성희안·유순정 등은 연산군을 몰아내고 연산군의 이복동생인 진성 대군(중종)을 왕위에 올렸어요.

를 올려놓아 꼭 사람처럼 보였던 것입니다.

"허허, 제가 몹시도 긴장했나 봅니다. 꾸어다 놓은 보릿자루를 사람으로 착각하다니!"

성희안은 쑥스러워 배시시 웃었어요.

여기서 생겨난 말이 '꾸어다 놓은 보릿자루'입니다. 여럿이 모여 이야기하는 자리에서 아무 말도 하지 않고 가만히 있는 사람을 비유적으로 이르는 말입니다.

이럴 때 이렇게 쓰여요

요즘 인기 있는 드라마가 친구들 사이에서 화제가 되고 있어요. 그런데 어제는 집안 행사 때문에 미처 보지 못했어요. 오늘 친구들이 열을 올리며 주인공 이야기를 나누고 있는데, 나만 아무 말도 못했어요.
오늘 있었던 일을 엄마한테 이렇게 말해 보아요.

"엄마! 저 오늘 꾸어다 놓은 보릿자루 신세였어요. 친구들은 신 나서 떠드는데, 저는 한마디도 못하고 가만 있었거든요."

인색한 자린고비가 나눌 줄을 아네!

조선 시대의 일입니다. 충청북도 음성에 조륵이라는 사람이 살았어요.

조륵은 사람들이 눈살을 찌푸릴 정도로 아끼며 절약하는 사람이었지요.

"아버지, 생선 먹고 싶어요."

어느 날 아들이 졸라댔어요.

"오냐, 기다려 봐라. 이따 맛있는 생선탕을 먹게 해 주마."

조륵은 이렇게 말하고 곧장 생선 가게로 향했어요.

줄줄이 늘어선 생선 가게에는 갈치, 고등어, 명태와 같은 가지가지 생선이 소반 위에 수북이 쌓여 있었어요.

"주인장, 이놈은 값이 얼마요?"

조륵은 갈치를 이놈 저놈 주물럭거리며

조륵이 누구예요?

조륵은 조선 시대 중기, 충청북도 음성군에서 태어났어요. 평생 동안 부지런히 일하며 절약하여 많은 재산을 모았지요. 숙종 임금 때 흉년이 들어 많은 사람이 굶주리자 조륵은 모은 재산을 굶주린 백성 1만여 명에게 나눠 주었습니다. 이 소식을 들은 임금은 조륵에게 여러 차례 상과 함께 벼슬을 내렸지만 모두 사양했다고 합니다. 조륵의 도움을 받은 많은 사람들은 조륵이 죽은 뒤에 조륵을 기리는 비를 세웠는데, 비의 이름이 '자인고비(慈仁考碑)'였어요. '어질고 자애로움을 기리는 비란 뜻입니다. 자인고비는 충청북도 충주시 신니면의 신덕저수지 근처에 있었다고 전해집니다. 1995년 10월, 후손들이 충청북도 충주시 신니면 대화리 화치마을 뒷산 중턱에 자인고비를 다시 세웠어요.

물었어요.

"서 푼이오. 몇 마리나 드릴까요?"

생선 가게 주인은 입을 함빡 벌리고 조륵 옆으로 바짝 다가섰어요.

"언제 잡은 것이요? 싱싱해야 할 텐데."

조륵은 손으로 연신 갈치의 등과 배를 쭉쭉 훑으며 말했어요. 그러고는 손에 묻은 허연 생선 비늘을 손등에다 꼼꼼히 닦은 뒤 다시 다른 갈치를 집어 들고 훑듯이 두 손으로 쫙쫙 긁어내렸어요.

"아이고, 싱싱하다마다요. 방금 전에 바다에서 막 잡아온 것이구먼요. 잡숴 봐요. 맛이 확 다르구먼요. 몇 마리나 드릴까요?"

"글쎄……, 몇 마리나 사야 할꼬?"

조륵은 생각에 잠긴 듯 눈을 끔뻑거렸어요. 하지만 손은 여전히 다른 생선을 찾아 주물럭거리고 있었지요.

"아니, 왜 자꾸 이놈 저놈 주물럭거리슈? 살 놈만 집어요."

생선 가게 주인이 얼굴을 찡그렸어요.

"다른 가게도 좀 가 보고 오리다."

조륵은 두 손을 소중히 모은 채 다른 생선 가게로 종종걸음을 쳤어요. 그러고는 온 생선 가게를 돌면서 아까처럼 이 생선 저 생선을 만지며 값만 묻고는 집으로 돌아왔어요.

조륵은 손에 묻은 생선 비늘을 싹싹 헹군 물을 부인에게 주며 말했어요.

"부인, 어서 맛있는 생선탕을 끓이시오."

그 소문은 금세 마을로 퍼져 나갔지요.

'살다 살다 그렇게 인색한 사람은 처음 보네. 내 생선 한 마리를 던져서 이 구두쇠 영감 좀 시험해 봐야겠어.'

동네 사람이 담 밖에서 자반 생선 한 마리를 조륵의 집 마당으로 던져 넣었어요. 마당을 쓸고 있던 조륵이 날아온 생선을 보고 빽 소리쳤어요.

"어느 놈이 밥 많이 먹게 하려고 밥벌레를 갖다 놨느냐? 괘씸한 놈, 어림도 없지!"

조륵은 얼른 생선을 집어서 도로 담 밖으로 휙 던져 버렸어요.

이렇게 한 푼도 쓰는 일 없이 모으고 또 모아서 조륵은 주변 마을에서 제일가는 부자가 되었지요.

숙종 임금이 통치하던 어느 해, 나라에 큰 흉년이 들어 많은 사람이 굶주리게 되었어요.

그러자 조륵은 모은 재산을 모두 털어 굶주린 백성들에게 식량을 나눠 주었어요.

"세상에 저렇게 훌륭하신 분인데……, 우리가 조륵 어르신을 오해하고 있었구나."

관청에서는 임금께 장계*를 올려 이 사실을 알렸어요. 임금이 상을 내리고 여러 차례 명하여 벼슬을 내렸지만 조륵은 모두 사양했어요.

그 후 조륵의 도움을 받은 사람들이 조륵의 공덕을 기리기 위해 자인고비란 송덕비를 세웠어요. 자인고비는 조륵의 어질고 자애로움을 기리는 비란 뜻입니다.

*장계 : 지방 관리가 자기 관하의 중요한 일을 왕에게 보고하던 일이나 문서.

'자인고비'가 시간이 흐르면서 '자린고비'라고 불리게 되었어요. '자린고비'란 몹시 인색한 사람'을 가리키는 말입니다. 하지만 조륵 선생은 진정한 나눔을 실천한 분이지요.

이럴 때 이렇게 쓰여요

가끔은 밖에서 근사한 저녁을 먹고 싶기도 한데 엄마는 밖에 나가서 먹으면 비싸다고 집에서 해 먹자고 해요. 하루쯤은 괜찮을 것 같은데 말이에요. 하지만 엄마도 비싸고 맛있는 음식을 먹고 싶을 거예요. 그럼에도 참는 데에는 그만한 이유가 있는 게 아닐까요?

"엄마가 자린고비처럼 보일지 모르겠지만 이렇게 아껴서 나중에 정말 필요할 때 사용하려고 하는 거란다."

자린고비에 관한 또 다른 이야기

자린고비의 어원에 대해서는 조륵과 관련된 이야기 외에도 많이 있어요. 다른 이야기도 알아볼까요?

어느 지독한 구두쇠 양반이 부모 제사 때 쓸 제문의 종이를 아껴 태우지 않고 접어 두었다가 두고두고 써서 제문 속의 아비 '고(考)' 어미 '비(妣)' 자가 절었다고 하여 붙인 말인 '저린 고비'에서 생겨났다는 설이 있는가 하면, 또 다른 설로는 지독한 구두쇠인 어떤 영감이 며느리에게 지키도록 한 장이 자꾸 줄어드는 것을 이상히 여겨 스스로 지키고 있노라니 파리가 앉았다 날아가는 것을 보고 쫓아가 파리를 잡아서 기어이 뒷다리에 묻은 장을 빨아먹고 왔다는 이야기입니다.

하지만 세간에 가장 많이 알려진 설화는 자반 생선에 얽힌 이야기입니다. 구두쇠 영감이 자반 생선을 한 마리 사서 천장에 매달아 놓고 식구들에게 밥 한 숟가락 떠먹고는 자반을 한 번씩 쳐다보게 했는데, 아들이 어쩌다가 자반을 두 번 쳐다보니 구두쇠 영감이 "얼마나 많이 먹으려고 그러느냐?" 하고 아들을 야단쳤다는 내용이지요.

또 두 명의 구두쇠가 등장해서 누가 더 지독한가를 겨루는 경쟁담 형식의 이야기도 있습니다. 가령 주인공은 부채를 아끼느라 살을 두 개만 펴서 부치는데, 다른 구두쇠는 부채를 편 채 고개만 할랑할랑 흔들더라는 이야기입니다.

이처럼 자린고비에 얽힌 설화는 전국에 걸쳐 다양하게 전해집니다.

끈 떨어진 망석중이니 쓸모가 없네!

조선 시대의 일입니다.

해마다 사월 초파일*이면, 개성 사람들은 연등 행사와 함께 만석중 놀이를 했어요.

만석중 놀이는 나무로 만든 인형의 팔다리에 끈을 매달아 그 줄을 당겨 춤을 추게 하는 놀이입니다.

"어머니, 만석중 놀이 시작하겠어요. 어서 가요."

담벼락마다 매단 연등에 불이 켜지자 연이의 마음이 급해졌어요. 작년처럼 늦어서 만석중 놀이를 놓칠까 봐 조마조마했거든요.

연이는 엄마 손을 잡아끌 듯이 하며 마을 광장으로 종종걸음을 쳤어요.

"그런데 연이야, 만석중이 뭔지는 아니?"

엄마의 물음에 연이는 고개를 저었어요. 그러자 엄마가 얘기를 시작했어요.

"오래전에 지족선사란 분이 있었어. 지족선사는 30년 동안이나 불도를 닦아서 사방에 살아 있는 부처라고 소문이 자자했단다. 지

***사월 초파일** : 석가모니의 탄생일.

족선사가 머물고 있는 절은 시주를 하겠다며 찾아오는 사람들로 늘 북적거려서 시주로 들어온 쌀이 만석이 넘었다는구나. 그래서 사람들은 지족선사를 '만석중'이라고 불렀대. 쌀 만 석을 가진 중이라는 뜻이지.

그 무렵 개성에 황진이라는 아주 유명한 기생이 있었단다. 노래와 시를 짓는 실력이 뛰어난 데다 미모까지 빼어나서 남자들은 누구나 황진이를 한번 만나 보는 게 소원이었다는구나.

지족선사에 대한 소문을 들은 황진이는 화장도 안 하고 수수한 차림으로 지족선사가 있는 절을 찾아갔대.

'스님, 미천한 계집입니다. 스님 밑에서 잔심부름이나 하게 해 주십시오.'

황진이가 절 계단에 무릎을 꿇고 간절하게 부탁하자 지족선사는 황진이를 그저 평범한 아낙네라고 생각하여 그리 하라고 했다는구나.

하지만 지족선사는 차츰 황진이의 아름다움에 빠져들어서 결국은 홀연히 절을 떠나고 말았대. 그 후부터 사람들은 만석중 인형을 만들어 놀이를 시작했단다."

"아, 이제 알겠어요. 그러니까 만석중 놀이는 30년이나 불도를 닦았으면서도 기생

> **황진이가 누구예요?**
> 조선 시대 개성 출신의 기생입니다. 시와 글, 음악에 뛰어났으며 아름다운 용모로 더욱 유명합니다. 당시 오랫동안 수도에 정진하여 살아 있는 부처로 불리던 천마산 지족암의 지족선사를 유혹하여 승려의 도리를 지키지 못하게 한 일로도 알려졌어요. 황진이는 황 진사의 딸이었지만 어린 시절 이웃 총각이 자신을 짝사랑하다 병으로 죽자 기생이 되었다고 전해지고 있어요. 서경덕, 박연폭포와 함께 개성을 대표한 '송도삼절'로 불립니다.

의 아름다움에 빠져 부처님을 저버린 지족선사를 꼬집으려고 만든 놀이네요?"

엄마의 얘기가 끝나자 연이가 눈을 반짝이며 소리쳤어요. 엄마는

빙그레 웃으며 고개를 끄덕였지요.

광장에는 벌써 많은 사람들이 모여 앉아 있었어요.

"어머니, 시작했나 봐요."

서너 살짜리 아이만 한 만석중 인형이 공중에서 흔들흔들 춤을 추었어요. 오른쪽의 용과 잉어는 등으로 만든 여의주를 삼켰다 뱉었다 했고, 노루와 사슴은 몸을 구부렸다 폈다 하며 서로 다투는 시늉을 했어요. 바로 그 때 만석중 인형을 매달고 있던 끈 하나가 뚝 떨어졌어요.

광장에 모여 앉은 사람들은 안타까운 탄성을 질러 댔지요.

"에고, 어쩌니? 우리 연이, 올해도 만석중 놀이를 못 보겠구나."

엄마의 말에 연이는 울상을 지었어요.

> 여기서 생겨난 말이 '끈 떨어진 망석중(만석중)'입니다. 의지할 데가 없이 이리저리 굴러다니는 처지가 된 사람이나 물건이 못 쓰게 되었을 때 쓰는 말입니다. 하던 일이 허사로 돌아가게 되었을 때도 쓴답니다.

이럴 때 이렇게 쓰여요

학교 생활을 하다 보면 임원을 하고 있는 힘 있는 친구에게만 잘 보이려고 하는 친구가 한 명씩 있지요. 그런데 임원이 될 줄 알고 친하게 지냈던 친구는 회장 선거에서 뚝 떨어지고 그동안 무시했던 다른 친구가 회장이 되고 말았네요.

"인호가 회장 선거에서 떨어졌으니 준우는 이제 끈 떨어진 망석중이네."

손과 발이 꽁꽁! 몹시 추운 사명당 사첫방

조선 시대 선조 임금 때의 일입니다.

당시 조선은 왜군의 침략으로 일어난 전쟁인 임진왜란을 겪었어요.

칠 년간 이어진 전쟁 기간 동안 조선의 군사들뿐 아니라 선비, 일반 백성, 스님까지 모두 하나가 되어 싸웠지요.

유명한 승려인 사명당도 승병을 모집하여 열심히 싸웠어요.

마침내 길고 긴 전쟁이 끝나자 선조 임금이 사명당을 불렀어요.

"과인의 편지를 가지고 일본으로 건너가 주시오. 가서 일본 왕을 만나 다시는 쳐들어오는 일이 없도록 강화를 맺고 오시오."

선조 임금의 간절한 부탁에 사명당은 일본으로 향했어요.

한편, 사명당이 사신으로 온다는 소식은 들은 일본 왕은 신하들과 며칠 동안 회의를 했어요.

"사명당이란 자는 도술이 높다 합니다. 이번 기회에 반드시 죽여야 합니다. 아니면 훗날 큰 화가 될 것입니다."

"옳은 말이오. 그래 무슨 좋은 방법이 있소?"

"제게 좋은 계책이 있습니다. 사명당이 묵을 방에 무쇠를 깔고,

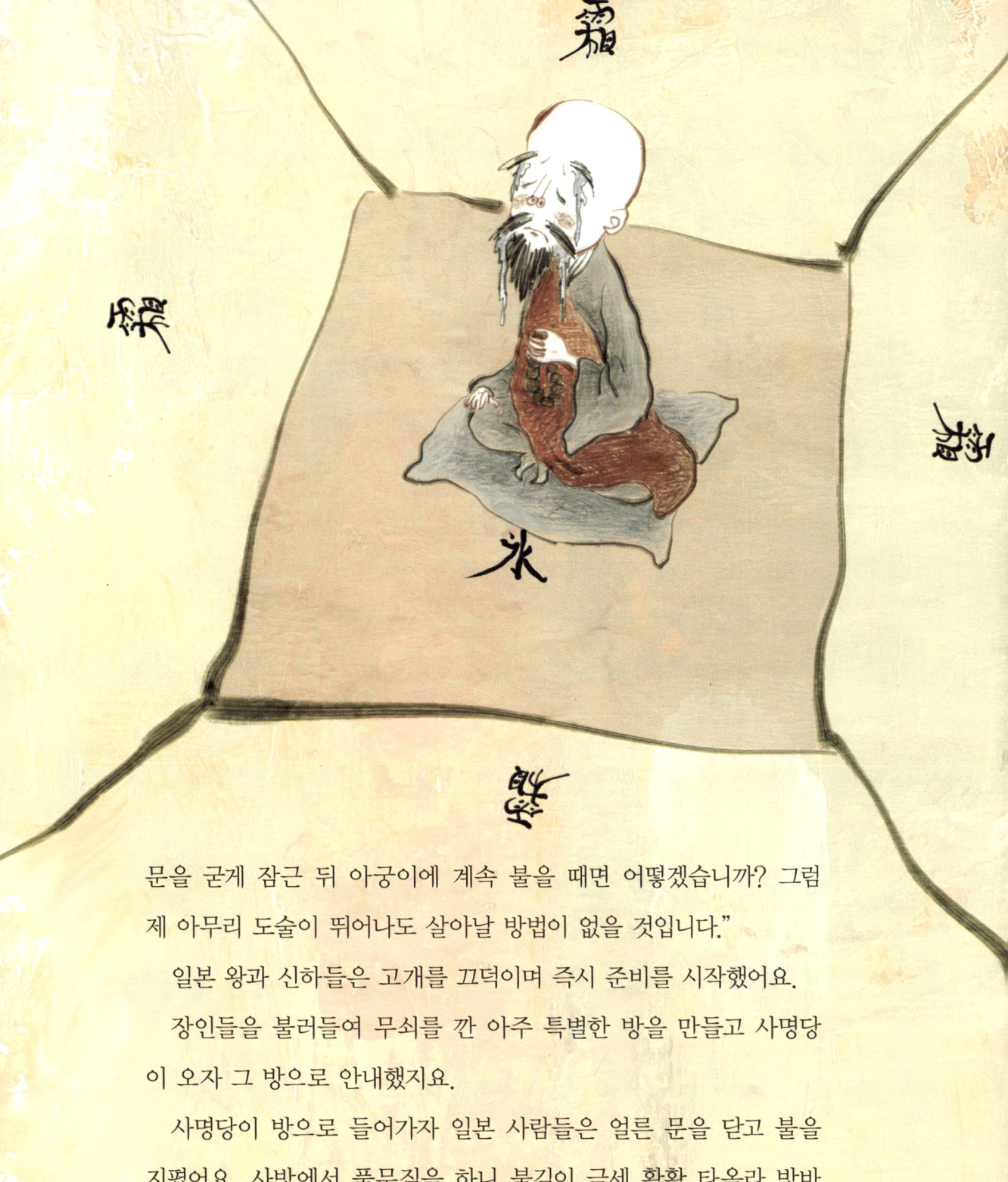

문을 굳게 잠근 뒤 아궁이에 계속 불을 때면 어떻겠습니까? 그럼 제 아무리 도술이 뛰어나도 살아날 방법이 없을 것입니다."

일본 왕과 신하들은 고개를 끄덕이며 즉시 준비를 시작했어요.

장인들을 불러들여 무쇠를 깐 아주 특별한 방을 만들고 사명당이 오자 그 방으로 안내했지요.

사명당이 방으로 들어가자 일본 사람들은 얼른 문을 닫고 불을 지폈어요. 사방에서 풀무질을 하니 불길이 금세 활활 타올라 방바

닥이 절절 끓기 시작했지요. 일본 사람들은 밤새 더욱 세차게 불을 피웠어요.

'나를 태워 죽일 작정이군.'

사명당은 빙그레 웃으며 네 벽에는 서리 상(霜) 자를, 방석 밑에는 얼음 빙(氷) 자를 써 놓은 다음 팔만대장경을 외우기 시작했어요. 그러자 이내 사방에 서리가 맺히더니 불기운이 세질수록 차가운 냉기도 세져서 급기야 방 안 가득 고드름이 매달렸어요.

다음 날 아침, 일본 왕과 신하들은 기대에 찬 얼굴로 사명당이 묵은 방으로 향했어요.

"어서 문을 열어라. 놈이 타 죽은 모습을 보자."

일본 왕의 말에 군사들이 바삐 방문을 열었어요.

하지만 예상과 전혀 다르게 사명당은 수염과 눈썹에 고드름을 매단 채 덜덜 떨고 있었지요.

"조선에서 들으니 일본은 매우 더운 나라라던데 와서 보니 그게 아니구려. 방이 추워서 잠을 편히 못 잤으니 얼른 따뜻한 곳으로 거처를 옮겨 주시오."

사명당의 말에 일본 왕과 신하들은 놀

> **임진왜란을 알아보아요!**
> 1592년 4월 14일, 일본이 조선의 부산포를 공격하면서 시작된 7년 동안의 전쟁이 임진왜란입니다. 일본은 명나라를 치러 가겠다며 조선에 길을 빌려 달라고 요청했고, 조선이 이를 거부하면서 전쟁이 시작됐어요. 이순신, 권율 장군 등의 정부군과 사명당과 서산 대사 등의 승병, 곽재우와 조헌 등의 수많은 의병들이 활약한 덕분에 임진왜란은 승리를 거두었지요. 하지만 이때 일본은 조선의 뛰어난 도공 5백 명을 납치해 갔어요. 이후 일본의 도자기 산업은 매우 발달하였는데, 이 때문에 임진왜란은 '도자기 전쟁'이라고도 불리지요. 일본의 유명한 도자기 회사인 '심수관가'도 조선의 도공 심당길의 12대 후손으로부터 시작되었답니다.

라서 털썩 주저앉았어요.

그 후로도 일본 왕과 신하들은 사명당을 죽이려고 갖은 방법을 썼지만 아무 소용이 없었지요.

마침내 사명당은 일본 왕에게 다시는 조선을 넘보지 않겠다는 서약을 받은 뒤, 일본으로 붙잡혀 온 조선 사람 삼천 명을 데리고 당당히 조선으로 돌아왔어요.

> 이 일이 있은 후 '사명당 사첫방'이란 말이 생겨났어요. '사첫방'은 대우받을 만한 손님이 묵어가는 방을 말합니다. 일본에 간 사명당이 머문 손님방이 아주 추웠기 때문에 '사명당 사첫방'은 '몹시 추운 방'을 뜻하게 되었어요.

이럴 때 이렇게 쓰여요

한겨울, 스키장으로 온 가족이 놀러 갔다 왔어요. 며칠 만에 돌아온 집은 얼음장처럼 추웠어요. 엄마가 방바닥에 발을 내딛으며 가족들에게 말하네요.

"앗, 차가워! 방 안이 얼음장이네! 사명당 사첫방이 따로 없어. 얼른 보일러를 틀어서 따뜻하게 하자."

고루고루 잘 섞인 탕평채

조선의 21대 임금인 영조 때의 일입니다.

영조 임금이 즉위할 무렵 신하들은 여러 파로 나뉘어 매일 싸워 댔어요. 다른 편에서 의견을 내면 아무리 좋은 생각이라도 무조건 반대를 했지요. 그러니 뭐 하나 제대로 되는 일이 없었어요.

"매일같이 경들이 편을 나눠 싸우니 나랏일을 제대로 볼 수가 없소. 해서 앞으로 과인은 탕평책을 실시하고자 하오. 인재를 고루 등용하여 정치의 안정을 꾀할 것이오. 이는 어느 한쪽으로 치우치지 않고 공평을 기하고자 함이니 모두 과인의 뜻을 따라 주기 바라오."

결단을 내린 영조 임금은 조회를 열고 말했어요.

"상감마마, 그럴 수는 없사옵니다. 뛰어난 인재가 많은 곳도 있고 그렇지 못한 곳도 있는데 골고루 등용하시면 오히려 참된 인재를 제대로 쓰지 못하게 될 것이옵니다."

"그렇습니다, 상감마마! 부디 명을 거두어 주십시오."

신하들이 다 같이 목청을 높여 아뢰었어요.

"나라를 위하는 일인데 어찌 이렇듯 반대를 하는 것이오. 계속 반대를 하는 사람은 조선을 위태롭게 하는 걸로 알고 벌하겠소."

영조 임금은 단호히 말했어요. 하지만 그 후로도 신하들의 반대는 계속되었지요.

고민을 거듭하던 영조 임금은 어느 날 수라간에 특별한 음식 하나를 주문하고 조회를 열었어요.

"경들이 지금처럼 편을 나눠 계속 다투기를 일삼는다면 우리는 다시 임진왜란 같은 치욕을 겪게 될 것이오. 그때도 당파 싸움 때문에 그런 일이 벌어지지 않았소? 왜적의 침입으로 죄 없는 백성들만 칠 년 동안 얼마나 힘든 시간을 보냈소. 그러니 부디 과인을 믿고 따라 주시오. 파와 상관없이 서로 잘 협력하여 이 나라 조선을 더욱 부강한 나라로 만듭시다."

영조 임금의 말에 신하들은 말없이 머리만 조아렸어요.

"내 오늘 경들을 위해 특별한 음식을 준비했으니 마음껏 드시오. 여봐라, 그 음식을 들이거라."

영조 임금의 말이 떨어지자 수라간 나인들이 음식을 내왔어요.

신하들은 뜻밖의 음식에 서로를 보며

당파 싸움이 뭐예요?

관료들이 파를 나눠서 싸우는 걸 당파 싸움이라고 합니다. 조선 시대에는 당파 싸움이 몹시 심했어요. 벼슬자리는 정해져 있는데, 벼슬을 얻고자 하는 유생들은 많았기 때문입니다. 그러다 보니 벼슬 추천권을 가진 이조 전랑(정5품) 자리가 매우 중요했지요. 당파 싸움의 시작은 바로 이 이조 전랑 자리 때문이었어요. 선조 임금 때 김효원과 심의겸이 이조 전랑 자리를 놓고 다투었어요. 당시 김효원은 동쪽에 살았고, 심의겸은 서쪽에 살았기 때문에 김효원을 지지하는 젊은 세력들을 동인이라 하고, 심의겸을 지지하는 원로 세력을 서인이라고 했어요. 이들은 극심한 대결을 펼쳤으며, 서인이 정권을 장악한 숙종 이후에 서인은 노론과 소론으로, 노론은 다시 시파와 벽파로 갈라져서 조선 말까지 싸움이 이어졌답니다.

고개를 갸웃거렸지요.

"김상궁, 이 음식에 대해 설명을 곁들이게."

"예, 상감마마! 이 음식은 녹두묵 무침이온데 하얀 녹두묵을 채 썰어 준비한 뒤에 붉은 쇠고기를 볶아 넣고, 파릇하게 데친 미나리

와 검은 김 가루를 곁들였사옵니다. 이 모든 걸 서로 잘 버무려 드시면 다채로운 색상 때문에 보기에도 좋을 뿐 아니라 모든 재료가 잘 어우러진 맛 또한 일품이옵니다."

김상궁의 말에 영조 임금은 흡족하게 웃으며 신하들을 차례로 훑어봤어요.

"묵의 하얀 색은 서쪽, 파릇한 미나리는 동쪽, 쇠고기의 붉은 색은 남쪽, 김 가루의 검은 색은 북쪽을 상징하니 동서남북이 하나로 어우러진 음식이로군. 세상에 이렇듯 조화로운 음식이 또 어디에 있겠소. 이것이야말로 탕평책 같은 음식이 아니오. 앞으로 이 음식을 탕평채라고 부르면 어떻겠소?"

영조 임금이 신하들을 향해 물었어요.

"정말 조화로운 음식이옵니다. 탕평채란 이름이 아주 잘 어울리는 줄 아뢰옵니다."

신하들이 한 목소리로 아뢰었어요. 영조 임금은 껄껄 웃으며 신하들에게 돌아가며 술을 따라 주었어요.

> 이렇게 해서 '탕평채'란 이름이 생겨났어요. 탕평채는 편을 나눠서 싸우던 당파 싸움을 멈추고 서로 화합하기를 바라는 영조 임금의 염원이 담겨 있는 음식이랍니다.

이럴 때 이렇게 쓰여요

학교 생활을 하다 보면 친구들과 함께 협동해서 해야 하는 일들이 있어요. 하지만 괜한 욕심을 부리다 남에게 상처를 주기도 하고, 더 안 좋은 결과를 가져 오기도 해요. 그럴 때 다 함께 탕평채를 먹으며 터놓고 마음을 얘기하고 분위기를 풀어 보는 것은 어떨까요?

"엄마! 탕평채 만들어 주시면 안 돼요? 친구들 초대해서 함께 나눠 먹으려고요!"

저 고집 쎈 옹고집 같은 녀석!

조선 시대, 《옹고집전》이란 소설이 널리 읽혀지던 때입니다.
"와, 공부 시간이 이렇게 빨리 끝나다니. 훈장님께서 만날 잔치에 가시면 좋겠다."
"그러게. 날도 더운데 우리 떡이나 감으러 갈래?"
아이들은 저마다 책을 싼 보퉁이를 들고 서당에서 우르르 몰려 나오며 재잘거렸어요.
"짱구야, 여기 네가 말한 책! 누이에게 사정사정해서 겨우 빌렸으니까 깨끗하게 읽고 내일까지 돌려줘."

덕칠이는 보퉁이에서 책 한 권을 꺼내서 짱구에게 내밀었어요.
"알았어. 얼른 보고 줄게. 고마워."
짱구는 책을 받아 옆구리에 끼며 헤벌쭉 웃었어요.
"공부도 지겨운데 또 무슨 책이냐! 야, 빨리 멱이나 감으러 가자."
개똥이와 짱구랑 덕칠이는 우르르 개울로 향했어요. 그 때 제일 앞서 달리던 개똥이가 갑자기 길을 벗어나 덤불 쪽으로 달려갔어요.
짱구와 덕칠이는 눈이 둥그레져서 걸음을 멈추고 개똥이 쪽을 보니 개똥이 바로 앞 덤불에 먹음직스러운 빨간 산딸기가 매달려 있었어요. 둘은 침을 꿀꺽 삼키며 산딸기 덤불로 내달렸지요.
"야, 오지 마. 이건 내 거란 말이야!"
"무슨 말이야? 이게 왜 네 거야?"
짱구가 얼굴을 찡그리며 물었어요.
"내가 먼저 발견했잖아. 그러니까 내가 임자지. 나 혼자 먹을 거니까 아무도 손대지 마."

"그런 게 어딨어?"

덕칠이도 볼멘 소리를 냈어요.

"어딨긴, 여기 있지. 억울하면 너희들도 찾아봐. 히히, 그러니까 나처럼 눈이 밝아야 한다고."

개똥이는 엄지손가락만 한 산딸기를 따서 입에 넣고 오물거렸어요. 쩝쩝거리는 것이 무척 맛있어 보입니다.

"그러지 말고 같이 먹자."

덕칠이와 짱구가 애원조로 말했어요. 그러자 개똥이는 딸기에다 재빨리 침을 퉤퉤 뱉었어요.

"히히, 내 침 묻어서 못 먹지롱!"

개똥이는 해죽거리며 산딸기를 한 움큼씩 따서 우적우적 씹어 먹었어요.

"어휴, 이 옹고집 같은 자식!"

덕칠이가 개똥이에게 눈을 흘기며 소리쳤어요.

"옹고집! 그게 뭔데?"

"이 책의 주인공이다!"

짱구가 손에 들고 있던 책을 개똥이 얼굴에 흔들어 댔어요. 책 표지에는 《옹고집

《옹고집전》의 줄거리는?

옹진골 옹당촌에 사는 옹고집은 심술궂은 데다 고집이 세고 부모에게 효도할 줄도 몰랐어요. 인심도 고약해서 거지나 스님이 오면 때려서 쫓기 일쑤였지요. 이에 도술이 능통한 도사가 학대사를 시켜 옹고집을 벌하려 했으나 오히려 매만 맞고 돌아옵니다. 화가 난 도사는 허수아비로 가짜 옹고집을 만들어 옹고집의 집으로 보냅니다. 진짜 옹고집과 가짜 옹고집이 서로 자신이 진짜 옹고집이라고 다투다 관가로 찾아가지만 진짜 옹고집은 가짜 옹고집에게 지고 집에서 쫓겨납니다. 옹고집은 거지처럼 떠돌며 갖은 고생을 하다 자신의 잘못을 뉘우치고 죽기로 합니다. 이때 도사가 나타나 옹고집을 구해 주고 부적을 줍니다. 부적으로 가짜 옹고집을 내쫓은 옹고집은 자신의 잘못을 뉘우치며 독실한 불교 신자가 되었답니다.

전》이라고 적혀 있습니다.

"책이나 한번 읽어 봐라. 주인공 닮아서 어지간히 좋겠다. 짱구야, 옹고집 같은 자식은 놔두고 우리끼리 개울로 가자. 혼자 실컷 먹고 배 터지라고 해."

덕칠이와 짱구는 개울로 내달렸어요. 아무것도 모르는 개똥이는 히죽거리며 산딸기를 또다시 한 움큼 따서 입 속에 밀어 넣었어요.

'옹고집'은 우리나라의 고전소설 〈옹고집전〉에서 나온 말입니다. 심술이 사납고, 고집이 센 주인공 옹고집처럼 억지가 매우 심하여 자기 의견만 내세워 우기는 사람을 뜻합니다.

이럴 때 이렇게 쓰여요

꼭 사고 싶은 장난감이 생겨서 엄마에게 사 달라고 졸라 보아도 엄마가 꿈쩍도 안 할 때는 어떻게 하나요? 계속 고집을 부리나요? 아니면 체념하고 엄마의 말을 따르나요? 계속 고집을 부린다고요?

"그렇게 계속 고집 부릴 거니? 옹고집이 따로 없네!"

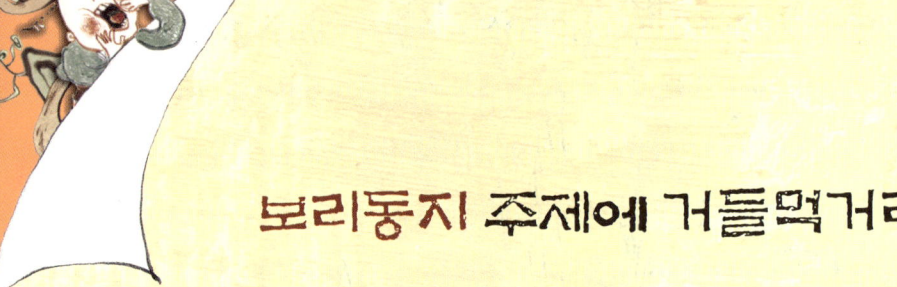

보리동지 주제에 거들먹거리긴!

조선 시대 후기의 일입니다.
"에헴, 왜 이리 꾸물대느냐. 어서 가자."
박 동지가 가마꾼들에게 소리쳤어요.
"예, 동지 어르신!"
가마꾼들은 숨을 몰아쉬며 걸음을 빠르게 놀렸어요. 하지만 살이 피둥피둥 찐 박 동지가 탄 가마를 메고 빨리 걷기란 쉽지 않습니다.
가마꾼들은 줄줄 흘러내리는 땀을 연신 닦아 내며 헐떡입니다.
"여봐라, 가마 행차가 안 보이느냐? 어서 길을 비키지 않고 무엇 하는고? 몽둥이 찜질을 당해야 정신을 바짝 차리지."
박 동지의 목청에 길을 오가던 사람들이 고개를 납죽 숙인 채 길 가장자리로 종종걸음을 쳤어요. 그 모습을 보는 박 동지의 얼굴에 만족스러운 웃음이 번집니다.
가마의 흔들림에 따라 박 동지의 몸이 이리저리 흔들렸어요. 기분이 좋아진 박 동지는 눈을 지그시 감습니다.

"나참, 보리동지 주제에 거들먹거리기는!"

박 동지의 가마가 멀어지자 길가로 몸을 비켰던 김 서방이 바닥에 침을 퉤 뱉으며 투덜거렸어요. 나란히 걷던 이 서방이 어깨에 멘 짐을 추키며 눈을 동그랗게 떴어요.

"보리동지? 그게 뭐여?"

"아, 그것도 모르나? 저렇게 거들먹거리고 있지만 제가 잘나서 나랏님이 내려준 벼슬이 아니라 곡식을 바치고 '동지' 벼슬을 산 것이란 말이여. 요즘은 돈 좀 있는 놈들은 죄다 벼슬을 산다더구먼."

"세상 참 좋아졌구먼. 돈만 있으면 벼슬도 살 수 있고."

"세상이 좋아진 것인지 망해 가는 것인지 모르겠네만 나도 얼른 돈 벌어서 한 자리 꿰차야지. 개나 소나 벼슬을 하니 더러워서 못 살겠구먼."

김 서방은 다시 한 번 침을 퉤 뱉으며 말했어요.

"우리 같은 사람들이야 하루하루 입에 풀칠하기도 바쁜데 언제 돈을 모아 벼슬을 사겠나."

이 서방의 말에 금세 김 서방의 어깨가 축 처집니다. 하지만 김 서방은 이내 눈을

조선 후기 신분 제도의 변화를 알아보아요!

조선 시대는 신분 제도가 무척 엄격했어요. 신분은 양반, 중인, 상민, 천민으로 구분되었는데, 당시에는 신분이 세습되었기 때문에 신분을 뛰어넘기가 힘들었지요. 그러나 조선 후기, 임진왜란과 병자호란을 겪으면서 신분 제도에 변화가 오기 시작했어요. 전쟁으로 국가 재정이 어려워지자 군량미와 부족한 재정을 확보하기 위해 돈이나 곡식을 받고 관직을 파는 납속책을 실시했거든요. 전쟁이 끝난 뒤에도 납속책, 공명첩, 선무군관 등의 임명장 발행은 계속되었지요. 또 전쟁으로 노비 문서와 호적 자료가 소실되자 부유한 상인과 농민들이 양반 족보를 사거나 위조하여 양반 신분을 얻기도 했어요. 이렇듯 조선 후기에는 신분 제도에 많은 변화가 일어났습니다.

부릅뜨고 어깨에 힘을 불끈 주었어요.

"무슨 김빠지는 소린가? 우리도 언젠가는 보리동지처럼 거들먹거리고 살아야지."

"정말 그런 날이 올까?"

"쥐구멍에도 볕 들 날 있단 말도 모르나. 그러니 어서 가서 하나라도 더 파세."

김 서방의 말에 이 서방의 얼굴이 활짝 펴졌어요.

두 사람은 연신 등짐을 추키며 힘차게 걸음을 옮깁니다.

> 여기서 나온 말이 '보리동지'입니다. '동지'란 '동지중추부사'의 준말로 조선 시대에 '중추부'에 속한 종2품 벼슬이랍니다. 맡은 직무는 없고, 그저 문무 당상관을 우대하기 위한 관직이었어요. 오늘날의 명예직인 셈이지요. '보리동지'는 보리와 같은 곡식을 바치고 벼슬을 얻은 사람을 놀림조로 이르는 말입니다. 오늘날에는 어리숙하고 무던한 사람을 일컫는 말로도 쓰입니다.

이럴 때 이렇게 쓰여요

뉴스나 신문을 보면 '낙하산 인사'라는 말이 나오는 것을 본 적이 있을 거예요. 낙하산 인사는 자신의 실력과는 상관없이 정정당당하지 못한 모습으로 자리를 꿰차는 걸 말해요. 어린이 여러분은 그러면 안 되겠죠? 열심히 노력해서 정정당당하게 자신만의 것으로 만들도록 해요.

"보리동지 같은 사람이 되지 않으려면 내 실력을 열심히 쌓아야지!"

이것저것 모두 모아 놓은
잡동사니!

조선 후기 실학자의 이야기예요.

당시 실학자들은 백성들의 실생활에 도움이 되는 공부가 참된 공부라고 생각했습니다.

안정복이란 실학자도 그랬지요. 안정복은 조선 22대 임금인 정조의 세손 시절 스승이기도 했어요.

그런데 안정복에게는 남다른 점이 있었습니다. 다른 학자들이 관심을 갖지 않는 잡다한 것에 관심이 많았지요.

'사람들 사이에 떠돌아다니는 이야기를 이것저것 모아 두면 나중에 유용한 정보가 될 거야.'

안정복은 생각을 바로 실천에 옮겼어요.

역사적 사실이며 우리나라의 관습, 법률, 동네 이름 등 온갖 이야기를 모아서 책으로 엮었지요.

어느 날, 친구가 찾아왔어요.

"잡동산이? 이게 뭔가?"

친구는 사랑방에 온통 널려 있는 책들의 표지를 보고는 물었어요.

"그냥 이것저것 잡다한 이야기를 모은 것이네. 그래서 '잡동산이'라고 지었지."

안정복은 빙그레 웃으며 말했어요.

친구는 책을 펼쳐서 한 권 한 권 훑어봤

실학자 안정복이 누구예요?

안정복은 실학을 대표하는 인물인 이익의 제자로, 발해를 처음으로 우리나라 역사에 포함시킨 실학자예요. 안정복의 이런 생각은 《발해고》를 쓴 유득공과 《목민심서》를 쓴 정약용에게 큰 영향을 주었어요. 또 조선을 대표할 역사 서적이 없자 《동사강목》이란 역사책을 직접 쓰기도 했지요. 동사강목을 통해 단군조선을 인정한 것이 안정복의 큰 업적이라 할 수 있습니다. 전통 사회상과 배치되는 천주교를 강하게 비판했던 안정복은 환갑 무렵에 정조의 스승이 되기도 했어요.

어요.

"정말 엄청나네 그려. 그동안 꼼짝도 안 하고 뭘 하나 했더니 이런 대단한 작업을 하느라고 그랬군. 후대에 자료로서 대단한 가치가 있겠어."

"폭넓게 다루긴 했는데 전체적으로 체계가 잡혀 있지 않아서 어수선하다네."

"하하, 그렇긴 하군. 〈잡동산이〉란 제목이 딱 맞네 그려!"

안정복과 친구는 마주보고 껄껄 웃었어요.

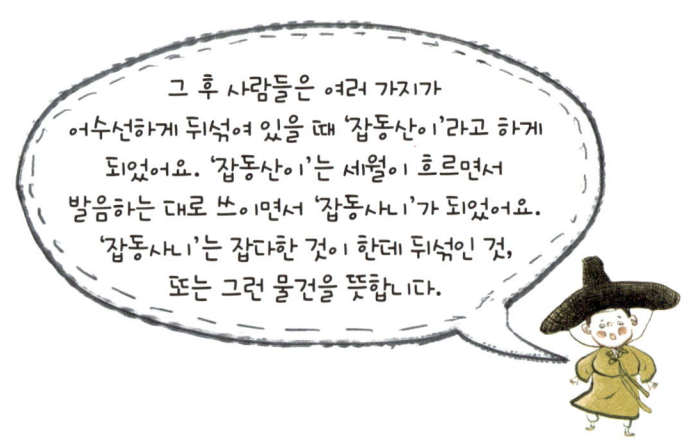

그 후 사람들은 여러 가지가 어수선하게 뒤섞여 있을 때 '잡동산이'라고 하게 되었어요. '잡동산이'는 세월이 흐르면서 발음하는 대로 쓰이면서 '잡동사니'가 되었어요. '잡동사니'는 잡다한 것이 한데 뒤섞인 것, 또는 그런 물건을 뜻합니다.

이럴 때 이렇게 쓰여요

방 안을 한번 둘러보세요. 필요한 물건들 말고도 왠지 놔두면 쓸 것 같아서 버리지 못하고 쌓아 두었던 물건들이 많지는 않나요?

"괜히 짐만 되는 잡동사니들! 다 갖다 버려야겠다!"

겨우 삼일 동안 나라를 호령했으니
삼일천하일세!!

조선 시대 말기입니다.

1884년 12월 4일, 우정국* 낙성식이 열렸어요.

낙성식은 건축물을 다 지은 것을 축하하는 자리를 말해요.

그 자리에는 고종 임금과 명성 왕후, 많은 대신들이 참석했어요.

당시 김옥균, 박영효, 서재필 등 개화당 사람들은 오래전부터 이 낙성식에 왕과 왕비를 초청하여 자신들의 힘을 펼치려고 준비를 해 왔어요. 이를 눈치 챈 일본이 재빨리 개화당에 접근해서 한편이 되었지요.

"임금님, 왕비님! 어서 경우궁으로 가시지요."

김옥균 일행은 왕과 왕비를 경우궁으로 모셔 갔어요. 넓은 창덕궁보다는 좁은 경우궁이 감시하기 편했거든요.

그리고 그들은 미리 계획한 대로 군사 지휘권과 힘을 가진 대신들을 불러들여 모두 없애 버렸어요. 그러는 동안 일본 군사들은 경우궁을 에워싸고 호위했지요.

"저들의 뒤에는 일본군이 버티고 있어요. 어서 청나라에 도움을

*우정국 : 지금의 우체국.

청해야 합니다."

명성 왕후의 말에 고종도 고개를 끄덕였어요. 하지만 감시 때문에 달리 방법이 없었지요.

12월 5일, 김옥균 등은 새로운 개혁 정부가 만들어졌다며 자기들 마음대로 나라 안팎에다 발표를 했어요. 그 소식을 들은 청나라는 깜짝 놀랐어요. 그 무렵 조선에는 일본 군사와 청나라 군사가 모두 들어와 머물고 있었거든요. 그들은 서로 조선에서 힘을 넓히려고 다투는 중이었지요.

놀란 청나라 군은 개화당인 척 꾸민 조선 사람을 경우궁에 있는 명성 왕후에게 보냈어요.

경우궁은 좁아서 공격이 어려우니 무슨 수를 써서라도 거처를 창덕궁으로 옮기세요.

"여긴 좁고 답답해서 있을 수가 없어요. 당장 창덕궁으로 돌아가야겠어요."

청나라 군의 연락을 받은 명성 왕후와 고종은 김옥균 일행에게 강하게 요구하고 나섰어요.

"우리 병력으로 청나라 군의 공격쯤은 물리칠 수 있으니 그냥 창덕궁으로 갑시다."

고민하는 김옥균에게 일본 공사가 말했어요. 김옥균 일행은 하는 수 없이 창덕궁으로 장소를 옮겼어요.

그리고 다음 날인 12월 6일에 새로운 정부의 중요한 자리에 자신들을 임명하고 온 나라에 발표했지요. 하지만 그 날 오후, 청나라 군사 1천500명이 창덕궁을 공격하기 시작했어요.

"한 명도 남김없이 없애라!"

청나라 군사들은 순식간에 창덕궁을 장악했지요.

"일본군, 일본군은 다 어디 갔나?"

"놈들은 이미 도망쳤어요. 이번 개혁은 실패하였소. 우리도 어서 일본으로 피신합시다."

김옥균과 서광범, 유길준, 박영효, 서재필은 곧장 일본행 배에 올랐어요.

> **삼일천하, 갑신정변이란?**
> 김옥균, 박영효 등 개화당 젊은이들은 1884년 우정국이 생기는 것을 축하하는 잔치를 계기로 일본의 힘을 빌려 권력을 잡기 위한 변을 일으켰어요. 그러고는 높은 직위의 관리들을 없애 버리고 새로운 정부를 만들었지요. 하지만 3일째 되던 날 청나라 군대가 궁궐로 밀어닥치자 일본군은 모두 도망쳐 버렸어요. 놀란 김옥균, 서광범, 유길준, 서재필은 일본으로 달아났지요. 정확하게 3일 만에 끝난 정변이었어요. 이를 갑신정변이라 부릅니다.

개화당이면서 우정국의 책임자였던 홍영식만 끝까지 청나라 군과 맞서다 결국 죽음을 맞았지요.

그 일로 나라 안은 벌집을 쑤신 것처럼 어수선했어요.

"소문 들었소? 정권을 잡았던 개화당 사람들이 죄다 일본으로 도망갔다네."

"그러게 말이오. 개화 사상을 이용해서 하루 빨리 조선 침략을 이루려던 일본의 잔꾀가 숨어 있었다더구먼."

"허허, 천하를 손에 쥔 듯 날뛰더니……, 삼일로 끝났구먼."

사람들은 혀를 차며 너도나도 수군거렸어요.

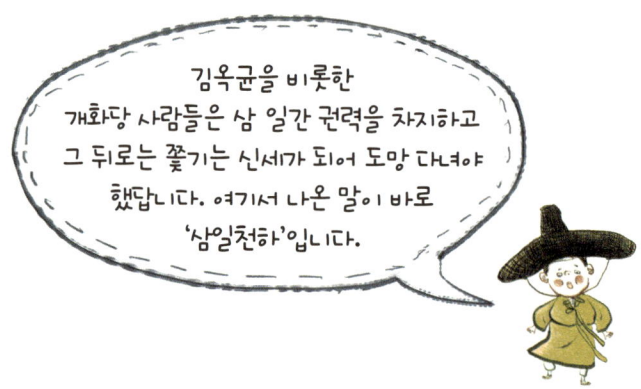

김옥균을 비롯한 개화당 사람들은 삼 일간 권력을 차지하고 그 뒤로는 쫓기는 신세가 되어 도망 다녀야 했답니다. 여기서 나온 말이 바로 '삼일천하'입니다.

이럴 때 이렇게 쓰여요

늘 묵묵히 가족 뒷바라지를 하느라 여행은 꿈도 못 꾸던 엄마가 모처럼 친구들과 며칠 동안 여행을 떠났어요. 게임 그만 하고, 반찬 투정을 하지 말라고 잔소리하는 엄마가 없으니 신 날 거예요. 아빠도 집에 와서 빈둥빈둥 누워만 있다고 잔소리를 안 들으니 은근히 편한 눈치예요. 마침내 엄마가 돌아오고 아빠가 말하네요.

"삼일천하가 끝났네. 그래도 역시 마누라가 해 주는 밥이 최고지!"

날씨가 꼭 을사년처럼 을씨년스럽네

대한 제국의 고종 황제 시절입니다.

고종 황제는 조선의 26대 임금이 된 뒤 1897년에 나라 이름을 대한 제국으로 바꾸고 황제의 자리에 오릅니다.

하지만 그로부터 몇 년이 흘러 을사년인 1905년 11월 17일에 대한 제국은 일본에게 외교권을 강제로 빼앗겼어요. 이를 '을사늑약'이라고 합니다.

"슬프다! 이제 온 겨레가 일본의 종이 되겠구나. 구차하게 살아 봐야 부끄러움만 더할 뿐이니 죽는 것만 못하리라."

많은 신하들이 한탄을 하며 스스로 목숨을 끊었지요.

그 소문은 사람들 사이에 금방 퍼져 나갔어요.

"높으신 분들이 줄줄이 목숨을 끊고 있다는군. 그깟 외교권이 뭐

을사늑약이 뭐예요?

을사년인 1905년, 일본이 대한 제국의 외교권을 빼앗기 위해 강제로 체결한 조약입니다. 공식 명칭은 '한·일 협상 조약'이며, '을사늑약', '제2차 한·일 협약'이라고도 합니다. 러·일 전쟁에서 승리한 일본은 본격적으로 우리나라 침략을 시작했어요. 마침내 군대를 이끌고 와 왕궁을 포위한 채 을사늑약을 체결하고 일방적으로 발표했지요. 고종 황제는 을사늑약이 무효라는 내용을 각국에 알렸지만 소용이 없었어요. 을사늑약 체결로 우리나라는 독립국의 지위를 잃고 일본의 보호국이 되고 말았지요. 이를 반대해 처음으로 자결한 분은 충정공 민영환이에요. 또 홍암 나철은 을사오적을 암살하기 위해 척살단을 조직했지요. 당시 을사늑약에 찬성한 박제순, 이완용, 이지용, 이근택, 권중현 등 다섯 명을 을사오적이라 부릅니다.

라고 자결을 한단 말이야?"
"그깟이라니! 외교권은 국가로서 다른 나라와 당당히 거래를 할 수 있는 권리를 말하네. 그런데 그걸 빼앗겼으니 내 나라지만 내 맘대로 할 수 없다는 뜻이지. 그게 어디 내 나라인가?"
"그렇다면 싸워야지. 싸워서 이 땅에서 일본 놈들을 몰아내야지."
"옳은 말이네. 지금 전국에서 의병이 일어나고 있다니 우리도 가서 힘을 보태세."
"그런다고 빼앗긴 걸 찾을 수 있겠나? 몸만 상하지."
사람들은 만나기만 하면 목소리를 죽인 채 소곤소곤 얘기를 주고받았어요.

누군가는 포기하고, 누군가는 자결을 하고, 누군가는 의병이 되고자 했지요.

을사년, 대한 제국은 슬픔과 분노로 어둡게 가라앉았어요.

그 뒤부터 사람들은 몹시 쓸쓸하고 어수선할 때면 '을사년스럽다.'라고 했어요. 분위기가 마치 을사년과 같다고 해서 말입니다. 이것이 시간이 지나면서 '을씨년스럽다.'로 변했답니다.

이럴 때 이렇게 쓰여요

귀신이 나타날 것처럼 왠지 날씨가 으스스한 날이 있어요. 곧 비가 내릴 것같이 흐리지만 비가 내리는 것도 아니고, 그저 음산한 바람만 휘휘 불어 대는 그런 날 말이에요.

"오늘 날씨는 무슨 일이라도 일어날 것처럼 을씨년스럽네."

떼를 운반하면 떼돈이 들어온다고?

조선 26대 임금인 고종 때의 일입니다.

왕위에 오른 초기에 고종 임금은 나이가 어려서 아버지 흥선 대원군이 나랏일을 대신 도맡아 보고 있었어요.

"임진왜란으로 경복궁이 불에 탄 지 이백 년이 지났지만 아직도 그대로 방치되고 있소. 경복궁은 우리 조선의 자존심이니 더 이상 두고 볼 수가 없소. 하여 경복궁을 다시 짓고자 하니 경들은 궁궐 건축에 필요한 목재를 한양으로 옮겨 오도록 하시오."

흥선 대원군의 명이 떨어졌어요.

궁궐 건축 책임을 맡은 관리는 서둘러 질 좋은 소나무가 많은 강원도로 전령*을 보내 흥선 대원군의 명을 전했지요.

"척척, 탁탁탁!"

벌목꾼들의 도끼질 소리가 쉬지 않고 산을 흔들었어요.

산 아래엔 통나무들이 수북이 쌓이기 시

흥선 대원군과 경복궁!

흥선 대원군은 60여 년간 지속된 안동 김 씨, 풍양 조 씨 등이 행한 세도 정치로 인해 왕권이 약해지고, 백성들의 삶도 매우 힘들어졌다고 여겼어요. 그래서 이를 바로잡기 위해서는 왕권을 강화시켜야 한다고 생각했어요. 그 방법으로 선택한 것이 임진왜란으로 불타 없어진 경복궁을 다시 세우는 일이었지요. 아들 고종이 왕위에 오른 지 2년이 지난 1865년, 흥선 대원군은 마침내 경복궁을 다시 짓기 시작했어요.

*전령 : 명령이나 훈령 따위를 전하는 사람.

작했지요.

"떼꾼들이 운반할 수 있도록 통나무들을 잘 엮어서 연결하게!"

관리인이 큰 소리로 말했어요.

그러자 벌목꾼들은 통나무를 떼*로 가지런히 엮어서 뗏목처럼 만들었어요. 그러고는 여러 덩이의 떼를 줄줄이 연결해서 물가로 옮겼지요.

"어서, 한양으로 출발하게. 떼를 파손시키지 않고 기일 내에 한양까지 꼭 운반해야 하네."

관리인은 떼꾼들에게 몇 번이고 당부를 했어요.

"걱정 마십쇼. 떼꾼으로 살아 온 세월이 얼만뎁쇼."

떼꾼들이 자신 있게 소리쳤어요.

그들은 두 명이 한 조가 되어 뗏목의 앞뒤에 서서 노를 저어 가며 물길을 따라 한양으로 향했지요. 뗏목 위에서 먹고 자며 밤낮없이 노를 저어 갔지만 한양까지는 꼬박 삼십 일이 걸렸어요.

"아이구, 드디어 한양에 도착했구먼."

한양의 마포나루에 도착하자 그제야 떼꾼들은 안도의 숨을 내쉬었어요.

"고생들 했네. 자, 여기 품삯일세."

관리인이 엽전 한 뭉텅이씩을 내어 주며 말했어요.

떼꾼들은 그동안 쉬지 않고 노를 젓느라 팔도 손마디도 끊어질

*떼 : 나무 따위를 물 위에 띄워 운반하기 위해 일정한 길이로 길게 엮은 것.

듯 아팠지만 엽전 뭉텅이를 받아 들자 아픔이 비누 거품처럼 사그라드는 것 같았어요.

"돈도 벌었으니 어서 주막에 가서 목 좀 축이세."

떼꾼들이 나는 듯이 주막으로 향했어요.

"아이구, 떼돈 벌었으니 얼마나 좋으실까?"

주모가 술상을 내오며 함박웃음을 지었어요.

"떼돈?"

"떼를 운반해서 받은 돈이니 떼돈이지. 그리고 듣자 하니 한 번만 운반해도 큰돈을 만질 수 있다던데. 돈이 떼로 들어오니 떼돈이지 뭐."

떼꾼이 눈을 동그랗게 뜨자 주모가 벙실거리며 말했어요.

"허허, 주모 말이 맞긴 하오. 떼꾼으로 한양까지 두 번만 오가면

일 년은 끼니 걱정이 없으니 말이지."

떼꾼이 헤벌쭉 마주 웃었어요. 주막은 떼돈 얘기로 떠들썩해졌어요.

여기서 나온 말이 바로 '떼돈 벌다.'입니다. 어마어마하게 많은 돈을 번다는 뜻입니다.

이럴 때 이렇게 쓰여요

우리 민족 고유의 명절인 설이면 집안 어른들께 세배하는 것이 우리의 문화이지요. 세배를 하고 나면 어른들께서는 덕담을 하며 세뱃돈을 손에 쥐어 줍니다. 할아버지 할머니 이모 고모 삼촌까지! 세뱃돈을 받는 모습을 보고 엄마가 이렇게 말하지 않을까요?

"하하, 우리 정훈이 떼돈 벌겠네!"

땅에 떨어진 땅돈이니 땡전일세!

흥선 대원군이 임진왜란 때 불탄 경복궁을 다시 짓기 시작해 경복궁을 거의 다 지어 갈 무렵입니다.

"불이야, 목재 창고에 불이 났다!"

뜻밖의 화재로 함경도, 강원도 등에서 어렵게 구해 온 목재들이 모두 불타고 말았지 뭐예요.

'허허, 이 일을 어찌한담. 다시 시작하려면 많은 자재와 비용이 또 들 텐데!'

흥선 대원군은 고민에 빠졌어요. 그렇잖아도 경복궁을 새로 짓는다고 백성들을 부역*에 동원해서 원망하는 소리가 높았거든요. 생각 끝에 흥선 대원군은 당백전이라는 것을 생각해 냈어요.

"그래, 한 개의 가치가 엽전의 백 배가 되는 돈을 발행하자."

흥선 대원군은 그 날부터 당백전을 발

> **경복궁 화재와 재건!**
> 1866년 초, 애써 지은 경복궁 건물 팔백 칸과 전국에서 어렵게 모아온 자재들이 몽땅 불타고 말았어요. 하지만 흥선 대원군은 포기하지 않고, 다시 짓기로 했어요. 부족한 재정을 채우기 위해 원납전, 당백전 등을 발행하고, 전국 각지에서 목재를 다시 모아 왔지요. 또한 인부들을 격려하기 위해 남사당패를 동원하기도 했어요. 마침내 1867년 겨울, 조선의 제1궁인 경복궁 재건에 성공했답니다. 그 뒤 1868년에 고종은 창덕궁에서 경복궁으로 옮겨 왔어요.

*부역 : 나라에서 특정한 사업을 진행할 때 국민에게 의무적으로 책임을 지우는 노동.

여기서 나온 말이 바로 '땡전'입니다. '땅돈'이 '땡전'이 된 것입니다. '땡전'은 아주 적은 돈을 말합니다. 흔히 '땡전 한 푼 없다.'라고 쓰는데, 이 말은 적은 액수의 돈도 없다는 뜻입니다.

행하기 시작했어요.

그 덕분에 새로 목재도 사들여 경복궁 공사를 다시 시작할 수 있었어요. 하지만 얼마 지나지 않아 여기저기서 문제가 생겼지요.

"뭐야, 당백전이 아니고 땅돈이네."

"땅돈이 뭐요?"

"그것도 모르오? 땅에 떨어진 돈이란 말이요. 당백전의 가치가 땅에 떨어졌다는 뜻이오."

"허허, 뭘 모르시나 본데 당백전은 엄청난 값어치를 가진 돈이오. 당백전 하나가 엽전 백 개 값이라니까."

"엽전의 백배는 무슨……, 여기도 당백전, 저기도 당백전, 온통 당백전이오. 그것 때문에 물건 값만 하늘 높은 줄 모르고 뛰고 있는데, 쯧쯧……! 어찌 세상 물정을 그리도 모르시오?"

사람들은 한숨을 내쉬며 당백전 받기를 꺼려 했어요.

결국 당백전은 삼 년 만에 사라졌답니다.

이럴 때 이렇게 쓰여요

방과 후 집에 가는데 친구들이 맛있는 햄버거를 먹고 가자고 유혹할 때가 있지요? 그런데 가지고 있는 돈이 하나도 없지 뭐예요. 아쉽지만 다음 기회에 함께 해야겠네요.

"난 오늘 땡전 한 푼도 없어. 너희끼리 먹어."

수명이 십 년은 줄었으니
십년감수해야겠네!!

대한 제국 시절입니다.

고종 황제는 우리나라에 처음으로 축음기를 들여와 어전*에 설치하게 했어요.

"오, 이것이 소리를 담아 두는 축음기란 말이지?"

고종 황제는 벌어진 입을 다물지 못한 채 원통형 금속판과 나팔통이 달려 있는 축음기를 들여다보며 신기한 듯 중얼거렸어요.

"여기에 입을 대고 노래하면 녹음이 되는 것입니다."

축음기를 설치한 기사가 축음기에 붙은 나팔 모양을 가리키며 말했어요.

"이보게 춘재, 어서 소리 한 자락 좀 해 보게. 정말 소리를 담을 수 있는지 궁금하구나."

고종 황제의 명령에 명창 박춘재는 나팔

축음기가 뭐예요?

1877년 11월 21일에 에디슨은 음성을 기록하고 재생할 수 있는 장치인 축음기를 발명했다고 공식적으로 발표했어요. 축음기는 사진처럼 순간을 영구적으로 간직할 수 있도록 해 준 역사적인 발명품입니다. 에디슨이 처음으로 녹음한 것은 동요 '메리에게는 어린 양 한 마리가 있어요(Mary Had a Little Lamb).'였답니다. 메리는 에디슨의 부인 이름이기도 해요. 에디슨은 처음 현대의 LP판처럼 평면 원반에 나선형 홈을 새겨 음성을 녹음하려 하였으나 실패하고 그 대신 원통을 회전시키는 방법을 선택했어요. 이후 축음기 방식은 수없이 발전하여 오늘날 전자 파일 형태로까지 나왔답니다.

*어전 : 임금이 있던 궁전을 이르는 말.

통 앞에 입을 바짝 대고 구성지게 '적벽가'를 불렀어요. 적벽가는 중국 삼국 시대 조조, 유비, 손권이 서로 싸우는 내용의 중국 소설을 판소리로 만든 것입니다.

한 군사 내달으며,
"아나 이애 승상은 지금 대군을 거나리고 천리 전쟁을 나오시어 승부를 미결하야 천하 대사를 바라는데, 이놈 요망스럽게 왜 울음을 우느냐

우지 말고 이리 오느라 술이나 먹고 놀자."

저 군사 연하여 왈,

"네 설움 제쳐 놓고 내 설움 들어 보아라."

판소리가 끝나자 고종 황제가 재촉했어요.

"자, 어서 축음기를 돌려 보시오."

축음기를 돌리자 신기하게도 조금 전 박춘재가 불렀던 적벽가가 그대로 흘러나왔어요.

"세상에, 신기하기도 하구나. 어찌 저리 똑같이 소리를 낸단 말이냐! 춘재야, 이 축음기가 네 정기를 빼앗아갔으니 네 수명이 십 년은 줄었겠구나!"

고종 황제는 축음기와 박춘재를 번갈아 보며 껄껄 웃었어요.

"네 수명이 십 년은 줄었겠구나"라는 고종 황제의 말에서 '십년감수'라는 말이 나왔어요. 수명이 십 년은 줄어들었다는 뜻으로 몹시 위험하거나 놀랐을 때 쓰는 말입니다.

이럴 때 이렇게 쓰여요

그러면 안 되는 걸 알면서도 순간적으로 엄마한테 거짓말을 할 때가 있지요. 숙제를 안 해 놓고 했다고 거짓말을 하기도 하고, 용돈을 더 받기 위해 거짓말을 하기도 하면서 말이에요. 그러다 들통 나면 엄마한테 혼날 생각에 겁이 나지요. 그런데 사실 엄마는 다 알면서도 눈감아 주곤 해요.

"후유, 십년감수했네! 앞으로는 절대 거짓말하지 말아야지."

노 터치! 노다지!

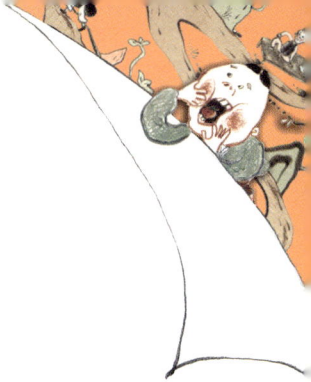

1896년, 고종 임금은 금 생산량이 가장 많았던 평안북도의 운산 금광 개발권을 미국인에게 넘겨주었어요. 조선 사람들은 일자리를 찾아 운산 광산으로 몰려들었지요.

운산 광산에서는 곧 엄청난 양의 금이 쏟아져 나왔어요.

"우아, 금이다!"

"세상에, 이게 금이구나. 금이 이렇게 많다니!"

금을 처음 본 광부들은 신기해서 금맥을 만지며 소리쳤어요.

그 모습을 본 미국인은 눈이 휘둥그레졌어요.

"No touch! No touch!(노 터치)"

미국인은 우리나라 광부들 사이를 이리저리 비집고 다니며 크게 소리쳤지요. 'No touch!'는 손대지 말라는 뜻입니다. 미국인은 광부들이 혹시라도 금덩이를

> **일제 강점기 금광 개발을 알아보아요!**
> 일제 강점기에 일본은 전쟁 비용을 모으기 위해서 조선의 금 생산에 열을 올렸어요. 금광 채굴을 자유롭게 할 수 있도록 하고, 민간 업체에서 생산한 금을 싸게 사들여 비싼 값에 수출했지요. 그리하여 1918년 무렵 전국 430여 개의 광산 중 일본인 소유는 무려 312개인 데 비해 한국인 소유의 광산은 겨우 70개였답니다. 금 생산량이 가장 많았던 평안북도의 운산 금광도 1938년 결국 일본 기업에 넘어갔지요. 조선총독부 자료에 따르면 1939년의 우리나라 금 생산량은 29.2톤으로 세계에서 여섯 번째로 많았습니다. 하지만 해방 후인 1970년 대한민국의 금 생산량은 고작 1톤에 불과했지요.

훔쳐 갈까 봐 걱정되었던 것이에요.

"저 사람 뭐라는 거야?"

"노-타-지……, 뭐 이러는 거 같은데?"

"아냐, '노다지'라는데?"

무슨 말인지 알아듣지 못한 광부들은 눈만 데굴거렸지요.

그 뒤로도 금이 나올 때마다 미국인은 'No touch!'를 외치며 광부들 사이를 뛰어다녔어요.

"저 코쟁이들은 금을 노다지라고 하는 모양이야. 금이 나올 때마다 눈이 휘둥그레져서 노다지를 외치고 다니잖아."

"아! 그렇구나. 금이 노다지야, 노다지!"

광부들은 덩달아 벌쭉벌쭉 웃으며 금을 캘 때마다 노다지를 외쳤어요.

> 이렇게 해서 '노다지'는 금을 뜻하게 되었어요. 차츰 금은보화가 가득한 장소의 의미가 되었고, 지금은 캐내려 하는 광물이 많이 묻혀 있는 광맥, 혹은 '손쉽게 많은 이익을 얻을 수 있는 일감'을 뜻하기도 합니다.

이럴 때 이렇게 쓰여요

여름 방학에 가족들과 다 함께 계곡으로 놀러 가서 신 나게 놀아 본 기억이 있을 거예요. 그러다 다슬기도 한 움큼 잡아 가족들에게 자랑하기도 하고요.

"이렇게 많은 다슬기를 잡아오다니. 은지가 노다지를 발견했나 보구나! 하하!"

2장
역사 속 문화에서 우리말이 나왔대요!

우리 조상들은 역사를 이어 오면서 여러 가지 제도를 만들고
다양한 문화를 이루었어요. 우리 역사 속에서 우리 삶에 영향을 준
다양한 제도와 문화는 새로운 말을 만들어 내기도 했지요.
어떤 말들이 만들어졌는지 한번 살펴볼까요?

딴전 보다가 손님 다 도망갈라!

옛날 조선 시대에는 물건을 사고 파는 가게를 '전'이라고 했어요. 생선을 사고 파는 가게는 어물전, 무명을 사고 파는 가게는 면포전, 비단 가게는 선전이라고 불렀지요.

"여기, 주인장 어디 갔나요?"

바삐 옷감을 사러 나온 아낙네가 선전을 기웃거리다 옆가게 면포전 이 씨에게 물었어요.

"김 씨가 가게에 또 없어요?"

이 씨는 옷감을 정리하느라 얼굴도 돌리지 않은 채 물었어요.

"네, 아무리 봐도 주인장이 없네요."

"허, 그 사람 참! 또 딴전 보러 갔나 보네."

이 씨는 만지던 옷감을 내려놓고 면포전 밖으로 나와 곧장 성큼성큼 서너 개의 가게를 지나쳐 갔어요.

마침내 걸음을 멈춘 이 씨는 손나팔을 만들어서 입에 댔어요.

"이보게, 김 씨! 손님 오셨으니 어서 오슈!"

이 씨가 어물전 쪽을 향해 목청껏 외쳤어요.

"김 씨, 손님 오셨다니까!"

이 씨가 다시 한 번 길게 외치자 어디선

운종가가 어디예요?

조선에서는 일반인이 참여하는 시장을 금지했어요. 대신 나라에서 상가를 짓고 이를 시전 상인들에게 빌려 주었지요. 현재의 서울 광화문에서 종로 3가에 걸쳐 양쪽으로 여섯 곳에 지었던 것이 바로 육의전입니다. 당시에는 시장이 없었기 때문에 육의전은 물건을 사려는 사람들로 항상 북적였어요. 사람들이 구름처럼 모여든다 해서 이곳을 운종가라고 불렀답니다. 오늘날 서울 남대문 시장과 동대문 시장의 모습과 비슷하답니다.

가 소매를 걷어 붙인 남자가 헐레벌떡 달려왔어요.

"자기 장사는 않고 만날 남의 전이나 보고 다니니. 참 나! 장사를 하려는 건지 말려는 건지, 원."

이 씨가 헐레벌떡 달려오는 김 씨를 향해 투덜거렸어요.

그런 줄도 모르고 김 씨는 이 씨를 향해 그저 벙실벙실 웃어 댔어요.

> 여기서 나온 말이 '딴전 부리다.'입니다. '딴전'에서 '딴'은 '딴마음', '딴살림', '딴판'이라고 할 때의 '딴'입니다. 그러니까 '딴전'은 '다른 전'이란 뜻이지요. 어떤 일을 하다 그 일과 관계 없는 행동을 할 때 '딴전 부리다.'라고 씁니다. '딴전 피우다.', '딴전 벌이다.' 등도 같은 뜻입니다.

이럴 때 이렇게 쓰여요

때로는 학교 가는 게 정말 싫을 때가 있지요? 그런 날은 괜히 이불 속에서 밍기적거리다 몸을 일으켜요. 또 괜히 텔레비전을 틀기도 하고 말이에요. 그 때 엄마의 외침이 들리지요.

"그렇게 딴전 부리다가 학교 늦는다!"

전염병도 바가지 긁는 소리는 싫어해!

옛날에는 괴질이나 전염병이 퍼지면 무당을 불러 굿을 하곤 했어요. 병을 옮기는 귀신 때문에 병에 걸렸다고 생각해서 그 귀신을 쫓아내면 병이 낫는다고 믿었거든요.

"아이고 아가, 우리 덕이! 어서 눈 좀 떠 보거라."

며칠째 열이 펄펄 끓고 헛소리까지 해 대며 앓아 누운 덕이 옆에서 덕이 어머니가 울먹였어요.

"덕이 아버지, 어서 무당을 불러서 병귀를 쫓아내야겠어요."

"무당 부를 돈이 있어야지……."

"그깟 돈이 문제인가요. 우선 아이부터 살려야죠. 저러다 우리 덕이 큰일이라도 나면 어떡해요. 흑흑!"

덕이 어머니는 기어이 꺽꺽 울음을 쏟아냈어요. 그 모습을 걱정스레 바라보던 덕이 아버지가 슬그머니 일어섰어요.

"울지 말고 무당이나 좀 불러 봐. 돈은 어찌해서라도 마련해 볼 테니."

> **전통 굿이란?**
> 무당이 음식을 차려 놓고 노래하고 춤을 추며 귀신에게 길흉화복 등을 비는 의식을 '굿'이라고 해요. 굿에는 무당이 하는 굿과 동네 사람들이 동네 신에게 지내는 '동신제'와 '별신제', 바다의 신에게 지내는 '용왕제', 바람의 신에게 지내는 '풍신제' 등의 동네 굿이 있어요.

　덕이 아버지의 말에 어머니는 눈물을 뚝 그쳤어요.
　덕이 어머니는 무당을 부르고 굿에 필요한 음식들을 마련했어요.
　마루에 제단이 마련되고 울긋불긋한 무복을 입은 무당이 굿을 하기 시작했어요. 무당은 연신 빠른 말로 중얼거리며 방울과 부채를 흔들었지요. 그러고는 누워 있는 덕이에게서 귀신을 쫓아내는 의식을 펼쳤어요.

마당이며 골목에는 구경 온 이웃 사람들로 가득했지요. 사람들은 모두 무당의 손짓과 몸짓에서 눈을 떼지 못했어요.
　　'득득득, 드드득, 득득득……'
　　마침내 무당이 소반 위에 바가지를 올려놓고 박박 긁기 시작했어요.
　　"아이고 듣기 싫어라. 바가지는 왜 긁는대."
　　"그것도 몰라? 전염병도 저런 바가지 긁는 소리는 듣기 싫을 거 아냐. 듣기 싫은 소리를 내서 병귀를 내쫓는 거야."
　　"쉿, 조용히들 해. 부정 타면 어쩌려고."
　　마당에서 구경하는 아주머니들이 소곤거렸어요.
　　'득득, 드드득, 득득……'
　　무당의 바가지 긁는 소리는 한참이나 계속되었어요.

> 여기서 나온 말이 바로 '바가지를 긁다.'입니다. 바가지를 긁으면 시끄럽고 듣기가 싫지요. 마치 잔소리처럼 말이에요. 둘 다 듣기 싫은 소리라는 점 때문에 아내가 남편에게 여러 가지 불평을 늘어놓으며 잔소리를 하면 '바가지를 긁는다.'라고 하게 되었어요.

이럴 때 이렇게 쓰여요

모처럼 집에서 쉬는 아빠에게 엄마가 이것저것 시키는 모습을 본 적 있을 거예요. 아빠는 귀찮아하면서도 이내 몸을 일으키지요. 이렇게 말하면서 말이에요.
　　"어휴, 저 바가지 긁는 소리 안 들으려면 얼른 해야지."

두 아들이 출가하니 이판사판!

고려의 국교였던 불교는 유학자들이 세운 조선 시대에 들어오며 몹시 억압을 받았어요.

승려들은 도성에서 모두 쫓겨났고 출입마저 금지되었지요.

그 무렵 한 고을에 조상 대대로 높은 벼슬을 지낸 양반이 살고 있었어요.

어느 날, 두 아들이 뭔가를 말하려는 듯 결심에 찬 얼굴로 아버지가 머물고 있는 사랑채로 들어와 앉았어요.

"아버님, 소자 출가하여 마음을 수양하며 불교 경전을 공부하는 이판승이 되고자 합니다. 부디 허락해 주십시오."

큰아들이 머리를 조아리고 말했어요.

"소자도 출가하여 절의 살림을 꾸리는 사판승이 되고자 합니다."

이번에는 작은아들이 말했어요.

두 아들의 말에 아버지는 눈앞이 아득해 왔어요.

> **조선의 불교를 알아보아요!**
> 불교는 삼국 시대인 372년 고구려에 처음 들어온 이후 고려 시대에 이르러 꽃을 피웠어요. 하지만 새로운 나라 조선을 건국한 유학자들은 불교를 억압하기 시작했지요. 사찰의 수를 대폭 줄이는 동시에 사원의 토지와 노비를 몰수했어요. 또 도첩제를 실시하여 승려의 수도 제한했어요. 그러자 도시에 있던 절들이 점차 산속으로 숨어들면서 산간 불교로 밀려났습니다.

"이게 다 무슨 말이냐? 갑자기 승려가 되겠다니?"

아버지는 두 아들을 번갈아 보며 눈을 부릅떴어요.

"아버님께선 갑작스럽게 느껴지시겠지만 소자 하루아침에 결정한 일이 아니옵니다. 오래전부터 품고 있던 생각입니다."

큰아들의 말에 작은아들도 넙죽 머리를 조아렸어요.

"너희들이 지금 제 정신이냐? 이 나라에서 승려로 살아가기가 얼마나 힘든지 잘 알지 않느냐? 백정*만큼이나 천대를 받는 게 바로 승려들이다! 이판승이건 사판승이건 승려가 되는 순간 너희들의 신

*백정 : 조선 시대에 소나 개, 돼지와 같은 동물들을 잡는 일을 하며 생활하던 천민층.

세는 끝장이 난단 말이다!"

아버지는 서안*을 탁 치며 소리쳤어요.

"아버님, 죄송합니다……. 부디 건강하십시오."

아버지의 간곡한 만류에도 두 아들은 뜻을 굽히지 않았어요.

아버지는 승려의 길을 가는 두 아들을 보며 눈앞이 캄캄해져서 그저 한숨만 내쉬었어요.

*서안 : 예전에 책을 보거나 글씨를 쓸 때 사용하던 책상.

여기서 나온 말이 '이판사판'입니다. 이판과 사판이 붙어서 된 말이지요. 막다른 데 이르러 어찌할 수 없게 된 지경을 뜻합니다.

이럴 때 이렇게 쓰여요

오늘 체육 시간에는 1반과 2반이 피구 시합을 하기로 했어요. 그런데 정정당당해야 할 시합에서 자꾸 2반 친구들이 반칙을 하는 게 아니겠어요. 그렇다고 욱해서 이렇게 외치면 안 되겠죠?

"정정당당이고 뭐고, 우리도 이판사판이다!"

작대기로 외상을 그어 놓세!

1900년대 초 경성*입니다.

그 무렵 선술집이 유행했어요. 선술집은 길가에 '목로'라는 좁고 기다란 나무탁자를 놓고 서서 간단히 잔술을 마시는 술집입니다.

"자, 한 잔들 하고 가세요."

주모가 지나가는 사람들을 향해 목청을 높였어요.

"안 그래도 딱 한 잔만 마시려고 했구먼. 여기 한 잔만 주시오."

코가 유난히 큰 김 서방이 벙실거리며 다가왔어요.

주모는 얼른 술 한 잔을 따라 김 서방 앞으로 내밀었지요.

"쩝, 마신 거 같지도 않구먼. 주모, 한 잔만 더 주시오!"

김 서방이 잔을 내밀자 주모가 얼른 잔에 가득 술을 채웠어요.

그렇게 딱 한 잔만 하려던 술이 어느덧

1900년대 경성의 모습은?

1897년 조선을 이어 새로운 나라 대한 제국이 탄생했어요. 당시 세계는 산업 혁명을 기점으로 엄청난 변화를 겪으며 커다란 소용돌이 속에 있었어요. 1900년의 경성 역시 서양의 새로운 문명이 급속도로 밀려드는 소용돌이 속에 있었지요. 서양식 학교와 병원이 생겨나고, 사진관과 다방도 생겨났어요. 시내에는 전기로 불을 밝히는 곳이 늘어나고 전차도 다녔지요. 서양의 고딕 건물들도 늘어나 경성의 기와집과는 색다른 풍경을 그리고 있었답니다. 이렇듯 경성으로 새로운 문물과 지식이 밀려 들면서 사람들은 새로운 변화를 겪기 시작했어요.

*경성 : 일제 강점기에 쓰인 서울의 옛 이름.

여기서 나온 말이 '외상을 긋다.'입니다. 외상을 하다라는 뜻이지요. 선술집이 한창 유행하던 1900년대를 배경으로 했지만, 막대기를 그어 수를 표시한 건 이보다 훨씬 오래전부터 해 왔을 거예요. 물건을 사고파는 시장 경제가 발달하면서 당연히 외상 거래가 있었을 것이고, 그때도 글을 모르는 사람들은 막대기를 그어서 외상을 표시했을 테니까요.

다섯 잔이 되고 말았지요. 김 서방은 코끝이 발그레해져서야 일어나며 말했어요.

"어디 보자. 술값이……."

김 서방이 주머니를 뒤졌어요. 하지만 오늘도 일을 허탕친 탓에 주머니가 텅 비어 있었지요.

"주모, 미안하지만 다음에 내야겠소. 오늘 술값도 외상이오."

김 서방이 뒤통수를 긁적이며 말했어요.

"만날 외상이구먼! 알았으니 다음엔 꼭 주시구랴."

주모는 멀어지는 김 서방의 뒤통수를 향해 소리쳤어요.

"잊어버리기 전에 외상 표시를 해 놔야지."

주모는 선술집 한편의 벽에서 김 서방 표시를 찾았어요. 벽에는 얼굴에 점을 찍은 사람, 커다란 발, 주먹코 등 다양한 그림들이 그려져 있었어요.

"주먹코 김 서방이 여기 있군!"

주모는 벌쭉 웃으며 코 그림 밑에다 작대기 다섯 개를 그었어요. 다섯 잔을 외상으로 마셨다는 뜻입니다.

"아니 주모, 거기다 뭔 낙서를 그리 하시오?"

잔술을 마시던 다른 남자가 물끄러미 바라보며 물었어요.

"낙서라니요! 이건 내 외상장부구먼요. 글자를 모르니 이렇게라도 표시를 해 둬야 잊어버리지 않고 외상값을 제대로 받지요."

주모의 말에 남자가 껄껄 웃었어요.

"이런 거 처음 보슈? 여기 사람들은 외상 표시를 죄다 이렇게 한다오."

주모는 히죽 웃으며 빈 술잔을 거둬서 설거지통에 담았어요.

이럴 때 이렇게 쓰여요

오늘은 시장으로 장을 보러 나선 엄마를 따라갔어요. 엄마는 두부를 사러 늘 단골로 가던 두부 가게에 들어갔지요. 두부를 한 모 사고 계산을 하려는데 엄마가 깜빡하고 지갑을 놓고 왔나 봐요. 엄마는 두부 가게 주인 아주머니에게 이렇게 말하네요.

"이런. 지갑을 놓고 나왔네. 담에 가져다 줄 테니 외상을 그어 주세요!"

안성 유기가 안성맞춤이야!

조선 중기 이후에 놋쇠로 만든 유기 전문점들이 생겨나기 시작했어요. 밥그릇을 비롯해 대야 같은 생활용품까지 모두 놋쇠로 만들어 판매했지요. 그전까지 유기를 만드는 유기장은 공조나 공방에 소속된 국가 공무원들이었는데, 놋쇠로 만든 물건들이 불티나게 팔리면서 덩달아 민간인 유기장들의 활동도 활발해졌어요. 특히 안성의 유기가 유명해졌지요.

"어서 갑시다. 늦게 가면 물건이 다 동나고 없다고."

안성의 장날이면 유기그릇을 사기 위해 전국에서 상인과 사람들이 몰려들었어요.

"왜 다들 안성 유기를 못 사서 안달이지요?"

얼떨결에 따라온 옹기장수가 물었어요.

"그것도 모르고 여기에 왔단 말이요? 전

유기그릇의 역사는?

놋쇠로 만든 제품을 유기그릇이라고 합니다. 모두 '청동기'라고 할 수 있지요. 청동기가 유명한 시대는 고조선으로 수많은 청동 제품이 남아 있어요. 다뉴세문경, 청동거울, 청동합 등은 우리나라에서 볼 수 있는 가장 오래된 유기 제품이지요. 그중 고려의 청동은입사상감매병은 매우 빼어난 유기 제품으로 손꼽힙니다. 조선 시대에는 유교식 제례 문화가 자리 잡으면서 유기그릇이 더욱 발전했어요. 조선 후기에 들어서는 사설 시장들이 늘어나면서 안성 유기가 지역 명품으로 자리 잡았는데, 특히 두들겨 만든 방짜 유기가 큰 인기를 얻었어요. 유기그릇은 현대에 들어 다양한 그릇에 밀려 사라지는 듯 했지만 식중독 균을 살균하는 성질이 알려지면서 다시 인기를 얻고 있답니다.

국에 유기그릇을 만드는 곳은 많지만 안성에서 만든 유기만큼 튼튼하고 질 좋은 유기는 없지요. 게다가 모양도 얼마나 아름답다고! 오죽하면 '안성' 하면 '유기'라는 말이 생겼을까."

그 때 한 무리의 상인들이 왁자지껄 떠들며 유기점으로 향했어요.

"또 유기 사러 가는 사람들이군."

"뭣하러 힘들게 직접 가나 몰라. 주문하면 될걸."

길가 평상에 앉아 바둑을 두던 두 노인이 상인 무리를 보며 중얼거렸어요.

"어르신, 주문이라니 그게 무슨 말씀입니까?"

무리 가운데 한 사람이 걸음을 멈추고 물었어요. 그 바람에 다른 상인들도 걸음을 멈추고 두 노인 앞으로 다가갔지요.

"주문만 하면 원하는 대로 꼭 맞춘 것처럼 만들어 준다네!"

"아암, 마음에 꼭 들게 맞춰 주지."

두 노인이 번갈아 가며 말했어요.

그 때 상인들 중 몸이 다부지게 생긴 한 남자가 어서 가자며 고갯짓을 했어요.

"왜요? 좀 더 들어보고 싶은데……."

옹기장수가 아쉬운 듯 두 노인 쪽을 흘끔거리며 말했어요.

"'안성맞춤 유기'란 말도 못 들어봤나? 난 진작부터 알고 있었네. 하지만 그거야 저 어르신들처럼 돈 좀 있는 사람들이나 할 수 있는 말이지. 우리 같은 사람들이야 이미 만들어 놓은 것이든 뭐든 유기를 살 수 있다는 것만으로도 감지덕지야."

"자네 말이 맞네. 이리 늑장 부리다가는 다 팔리고 말겠어. 서두르세."

상인들은 서로 고개를 끄덕이며 유기 전문점으로 발걸음을 재촉했어요.

> 여기서 나온 말이 바로 '안성맞춤'입니다. 원하거나 생각한 대로 마음에 딱 들어맞게 잘 만들어진 물건이나 상황을 비유적으로 이르는 말입니다.

이럴 때 이렇게 쓰여요

학급 임원을 뽑는 날이에요. 회장과 부회장은 공부도 잘하고 성격도 활발해서 친구들에게 인기가 좋은 진우와 현철이가 됐어요. 체육을 잘하는 호중이는 체육부장이 되었지요. 그럼 교실을 예쁘게 꾸미는 환경부장은 누가 됐을까요?

"역시 환경부장은 그림을 잘 그리는 은성이가 안성맞춤이지!"

한량이 매일 저렇게 놀러 다녀서야

고려나 조선 시대에는 과거 시험을 통해 벼슬길에 나갈 수 있었어요.

그중 무과는 군사 일을 맡아보는 관리를 뽑는 시험이에요.

"챙, 챙, 챙챙챙……."

"헛, 얍얍얍!"

훈련장에는 곧 있을 무과에 응시하기 위해 저마다 땀을 흘리며 훈련 중인 젊은이들의 열기로 가득했어요.

"김 형, 뭘 그리 열심인가? 나랑 술이나 한 잔 하러 가세."

놀기를 좋아하는 이 서방이 훈련은 뒷전으로 하고 느릿느릿 말을 몰며 말했어요.

"지금 술타령이나 하고 있을 땐가? 시험날이 코앞이네. 그만 정신 차리고 훈련이나 하게!"

"하하, 걱정 말게나. 뭐, 싫다면 나 혼자

과거 시험 중 무과를 알아보아요!

무과는 조선의 군사일을 돌보는 관리인 무관을 뽑는 과거 시험이에요. 문관을 뽑는 문과와 마찬가지로 3년에 한 번씩 정기적으로 실시되는 식년시와 불시에 열리는 증광시·별시·알성시·정시·춘당대시 등이 있었어요. 식년시는 초시·복시·전시의 세 단계로 시험을 치렀어요. 시험 종목은 말을 타고 하는 기격구와 말을 타지 않고 하는 보격구가 전부였지요. 무과 응시 자격은 무관의 자제들이 원칙이지만 조선 후기에는 이 규정이 많이 허물어져서 서자*뿐 아니라 천인*들도 면천이라는 절차를 밟아 얼마든지 응시할 수 있었답니다.

*서자 : 양반과 일반 양인 여성 사이에 낳은 아들.
*천인 : 노비, 백정 등과 같이 사회의 가장 낮은 신분에 속하던 사람.

가지."

이 서방은 말을 돌려 저잣거리로 향했어요.

말의 흔들림에 맞춰 이 서방의 어깨는 흔들흔들 춤을 추었고, 이 서방의 입은 오가는 사람들을 구경하느라 반쯤 벌어져 있습니다.

"저 사람 또 주막에 가는 모양이구먼. 도대체 누군데 매일 저렇게 노는 데만 열심인가?"

"누구긴, 한량이지."

"한량이라면 무과 준비생이 아닌가? 허, 곧 시험이 있을 텐데 저렇게 놀러 다닐 시간이 있나 몰라."

"저 한량은 자기가 벌써 시험에 합격한 줄 안다니까. 매일 저렇게 거들먹거리며 놀러만 다니더라고."

장터 사람들은 이 서방을 흘끔거리며 끌끌 혀를 찼어요.

"쯧쯧, 한량이란 사람이······."

이럴 때 이렇게 쓰여요

집에서 빈둥거리는 백수 삼촌은 늘 천하태평이기만 합니다. 옆에서 그 모습을 보는 할머니의 속이 타는 줄도 모르고요. 삼촌을 보며 할머니가 한숨을 내쉬며 말씀하시네요.

"저 한량은 어쩜 저렇게 천하태평일까?"

'한량'은 원래 '무과 준비생'을 가리키는 말이에요. 하지만 한량 중에는 머지않아 벼슬길에 나서게 될 것이라고 생각해 거들먹거리며 하는 일 없이 놀기만 하는 사람들도 있었어요. 이런 일부 한량들의 모습에서 '돈 잘 쓰고 잘 노는 사람'이라는 뜻이 유래되었어요.

선농제 뒤에 먹는 맛있는 설렁탕

조선 시대에 있었던 일이에요.

겨울잠 자던 동물이 깨어난다는 경칩이 지나자 나라에서는 선농제 준비로 분주했어요. 임금님도 사흘 전부터 몸과 마음을 깨끗이 하며 준비를 단단히 했지요.

마침내 선농제를 지내는 날이 되었어요.

"상감마마, 선농단으로 행차하실 채비가 끝났다 하옵니다."

상선*의 말에 임금님은 신하들과 선농단으로 향했어요.

선농단은 농사의 신을 모시고 그 해에 풍년이 들기를 기원하는 제단이에요.

제단이 차려지자 임금님은 정성을 다해 제사를 올렸어요.

"자, 그럼 밭갈이를 시작해 보자꾸나."

제사가 끝나자 임금님은 밭으로 가서 직접 쟁기를 잡고 밭을 가는 시범을 보였어요. 그렇게 신하와 백성들에게 농사의 소

선농제가 뭐예요?

조선 시대에는 봄이 되면 임금이 '농사의 신'을 모신 선농단에서 풍년을 기원하는 제사를 올렸어요. 이것을 선농제라고 합니다. 제단은 궁궐의 동쪽인 동대문 밖에 있었는데, 선농제가 끝나면 임금은 백성들과 함께 직접 소를 몰아 논밭을 갈고 씨를 뿌리며 농사일의 소중함을 알렸어요. 왕이 친히 논밭을 가는 이 친경례가 끝나면 왕은 함께 수고한 백성들에게 술과 음식을 내려주었지요. 친경 행사는 대한 제국의 마지막 황제인 순종 대까지 계속되었답니다.

*상선 : 조선 시대에 내시부에서 궁중의 식사에 대한 일을 맡아 보던 종2품 벼슬.

중함을 일깨우려 했거든요.

　임금님의 시범이 끝나자 세자와 신하, 백성들이 뒤이어 차례로 밭을 갈고 씨를 뿌렸어요.

　모든 일정이 끝나자 임금님이 신하와 백성들에게 말했어요.

"고생들 많았소. 술과 음식을 푸짐하게 준비하라 일렀으니 모두들 배불리 드시오."

"성은이 망극하옵니다."

머리를 조아리는 백성들의 입엔 벌써 군침이 돌았지요.

해마다 선농제를 올리고 밭갈이까지 모두 끝나면 커다란 가마솥에 소 한 마리를 푹 삶아 그 국물에 밥을 말아 나눠 주었거든요. 이것을 선농제가 끝난 후에 나눠 주는 탕이라고 해서 선농탕이라고 불렀어요.

"자, 어서들 가서 뜨끈뜨끈한 선농탕 한 그릇씩 먹세."

"난 구수하고 맛있는 선농탕 생각에 밤잠을 다 설쳤지 뭔가."

사람들은 벙실거리며 커다란 가마솥 앞으로 종종걸음을 쳤어요.

세월이 흐르면서 소의 머리, 내장, 뼈다귀, 발, 도가니 따위를 푹 삶아서 만든 '선농탕'은 '설렁탕'으로 불리게 되었어요.

이럴 때 이렇게 쓰여요

몸이 으슬으슬해서 꼭 감기가 들 것 같을 때가 있어요. 그 모습을 본 엄마가 하루 종일 부엌에서 무언가를 끓이네요. 그리고 가져다 준 것은 뽀얀 국물의 설렁탕!

"엄마가 하루 종일 정성껏 고아서 만든 설렁탕 먹고 힘내서 건강해지렴."

통금을 어긴 자들에게 경을 쳐라!

　한양도성의 사대문과 사소문을 여닫으며 사람들의 통행을 제한하던 조선 시대의 일입니다.
　매일 밤 이경*이면 종을 스물여덟 번 쳐서 성문을 닫고 통행금지를 알렸어요. 이것을 인정이라고 합니다. 다시 오경*이 되면 서른세 번의 종을 쳐서 통행금지가 끝났음을 알렸지요.
　"댕! 댕! 댕!"
　인정을 알리는 종소리가 한양에 울려 퍼졌어요.
　"큰일 났다. 벌써 인정이야. 빨리 어디로든 숨자고."
　등짐장수 둘이 서둘러 어둑한 골목으로 숨어들었어요. 하지만 순라군*의 눈을 피할 수는 없었지요.
　"저기다, 잡아라!"
　순라군의 외침에 등짐장수들은 있는 힘껏 달렸지만 결국 붙잡히고 말았어요.
　"인정 이후엔 밖을 나다니면 안 되는 거 모르시오? 도망칠 생각

---

*이경 : 하룻밤을 오경으로 나눈 둘째 부분으로, 밤 9시에서 11시 사이.
*오경 : 하룻밤을 오경으로 나눈 마지막 부분으로, 새벽 3시에서 5시 사이.
*순라군 : 조선 시대에 도둑·화재와 같은 일들을 경계하기 위해 밤에 궁궐과 도성 안팎을 순찰하던 군졸.

말고 어서 갑시다."

순라군은 등짐장수들을 끌고 경수소*로 갔어요.

경수소는 이미 잡혀 온 사람들로 복작거렸지요. 그리고 수상한 사람인지 알아내기 위해 차례로 여러 가지 심문을 했어요.

"됐소. 저리 가 있어요."

심문을 무사히 마치면 사람들은 안도의 숨을 내쉬었어요.

"댕! 댕! 댕!"

드디어 통금 해제를 알리는 종소리가 서른세 번 울렸어요.

"파루다! 드디어 이곳을 나갈 수 있어."

"그냥 나가는 게 아니오. 이제 곤장을 때릴 텐데 엉덩이가 남아날지 모르겠구먼."

누군가의 말에 경수소에 갇힌 사람들의 얼굴이 모두 어두워졌어요.

"돌아가시오. 다시는 통금시간에 돌아다니지 말고."

순라군들은 통금을 어긴 시각에 따라 곤장을 때린 후 사람들을 내보냈어요.

사람들은 저마다 엉덩이를 잡고 어기적거리며 경수소를 빠져나왔지요.

"아이고, 아파라…… 어디 가서 밥이라

> **인정과 파루가 뭐예요?**
> 조선을 세운 태조 이성계는 1394년에 수도를 개경에서 한양으로 옮겼어요. 그리고 도성을 쌓고 사대문과 사소문을 만들어 종소리에 맞추어 열고 닫도록 했어요. 매일 밤 열 시경에 스물여덟 번의 종을 쳐서 성문을 닫고 통행금지를 알렸는데, 이를 인정이라 합니다. 또 매일 새벽 네 시경에 서른세 번의 종을 쳐서 통행금지 해제를 알렸는데, 이를 파루라고 하지요. 이 종을 걸어 두는 종루는 서울 한복판인 현재의 종로와 남대문로가 교차하는 네거리에 설치했어요. 인정과 파루, 그 밖에 도성 안에 큰 화재가 났을 때에도 종을 쳐서 모든 사람들에게 알렸답니다.

*경수소 : 조선 시대에 주요 길목에 설치되어 있던 순라군의 초소.

도 한술 뜨세."

"엉덩이가 불붙은 것처럼 후끈거리고 아파서 밥 생각도 없지만 그래도 먹어야 힘을 내서 또 장사를 나가지."

두 등짐장수는 어기적어기적 걸으며 국밥집으로 향했어요.

"이보게들, 꼴이 왜 그런가?"

국밥집으로 들어서자 장돌뱅이 김 씨가 알은 체를 했어요.

"말도 말게. 어제 통금 시간을 못 지키는 바람에 경을 치르고 나오는 길이네."

"저런, 고생 많았겠구먼. 그러게 일찌감치 주막에 찾아들지, 통금까지 뭐하리 쏘다녀서 그렇게 곤장을 맞고 그러나."

장돌뱅이는 어기적거리는 두 등짐장수를 보며 혀를 끌끌 찼어요.

> 여기서 나온 말이 바로 '경을 치르다.', '경을 치다.'입니다. 본래는 경수소에 끌려갔다가 파루를 칠 때까지 거기서 시간을 보내고 나왔다는 의미였어요. 하지만 경수소에서 경을 지내고 나올 때는 심문도 당하고 곤장도 맞고 나오다 보니 '경을 치다.'는 호된 꾸지람을 듣거나 벌을 받는단 뜻으로 자리 잡았어요.

이럴 때 이렇게 쓰여요

민속촌은 우리나라의 옛 모습을 체험할 수 있는 곳이에요. 여러 가지 한옥들을 볼 수도 있고, 민속놀이도 해 볼 수도 있지요. 또 옛날에 잘못한 사람들이 매 맞던 곳도 그대로 만들어 놓았어요. 그 모습을 본 아빠가 곤장을 들고 장난스럽게 외치네요.

"맨날 음식 투정을 하고, 숙제도 미루니 이 녀석 경을 쳐라!"

옥신각신 실랑이를 벌이며 신래위를 해요

조선 시대, 과거에 급제해서 막 벼슬길에 오른 신참 관료를 새로 온 사람이라는 뜻의 '신래'라고 불렀어요.

'드디어 신래 불리기를 하는 날이군.'

승문원*으로 향하는 신래의 마음은 설레면서도 한편으로는 무거웠어요.

그토록 원하던 벼슬을 하게 된 건 좋지만, 무시무시하기로 소문난 '신래 불리기' 시간만큼은 피하고 싶었거든요.

승문원 문을 들어서자 이미 악대와 선배 관료, 구경꾼들까지 가득 모여 있었어요.

신래는 심호흡을 하며 마음을 가라앉혔어요.

"신래위!"

그 때 승문원 관원이 신래를 향해 외쳤어요. 그러자 선배 관원들이 합창하듯 일제히 '신래를 위하여'란 뜻의 '신래위'라고 외쳤지요.

"두둥, 둥둥둥, 둥둥……."

동시에 악대의 흥겨운 연주가 시작되었어요.

***승문원** : 조선 시대에 외교에 대한 문서를 맡아 보던 관아.

다음 순간 선배 관원들이 신래에게 달려와 양쪽에서 신래의 겨드랑이를 붙잡았어요.

"신래, 앞으로 오게."

선배 관원이 신래를 앞으로 당겼어요.

"어허, 신래! 이리 와야지."

그러자 이번에는 다른 선배가 신래를 뒤로 끌어당겼어요. 선배 관원들이 서로 끌어당기는 대로 신래는 앞으로 갔다 뒤로 갔다 정신이 없습니다.

신래는 선배들에게 앞으로 뒤로 끌려다니기를 되풀이했어요.

"허허, 신래 얼굴이 왜 이렇게 매끈한고?"

또 다른 선배가 먹물을 듬뿍 묵힌 붓으로 신래의 얼굴에 마구잡이로 무늬를 그려 넣었지요.

다른 선배 관원들은 신래의 옷가지를 찢기도 했어요.

신래가 이리로 저리로 밀리며 어쩔 줄 몰라 혼이 빠져 있는 모습에 신래위를 처음 보는 구경꾼들은 어리둥절합니다.

"저 사람들 지금 싸우는 거 아니오?"

"저건 싸우는 게 아니라오. 축하를 하

조선 시대 관청을 알아보아요!

오늘날 동사무소, 구청, 시청 등 공무원들이 근무하는 공공 기관이 있는 것처럼 조선 시대에도 관료들이 일하는 관청이 있었어요. 궁궐 내의 관청을 궐내각사라고 하는데, 장영실 등이 근무했던 흠경각, 언어학자들이 근무했던 집현전 등입니다. 궁궐 밖에는 삼정승이 근무하는 의정부가 있었고, 요즘의 서울시장 격인 한성판윤이 근무하는 한성부도 자리 잡고 있었지요. 또한 요즘의 안전행정부 격인 이조와 기획재정부 격인 호조를 비롯한 육조가 자리 잡았던 곳은 현재의 광화문 밖 세종로 일대입니다. 경기도청과 같은 경기감영은 서대문 밖 서대문 로터리 인근에 있었어요. 각 지방에는 현감 등이 근무하는 동헌도 있었어요.

는 것이오. 앞으로 선배를 잘 섬기고, 좋은 관원이 되라는 뜻으로 말이오."

"허, 제 눈에는 꼭 못살게 구는 것처럼 보이는걸요."

구경꾼들은 고개를 갸웃거리기도 하고 깔깔대며 배를 잡고 웃기도 합니다.

> 옳으니 그르니 하며 남을 못살게 굴거나 괴롭히는 걸 '실랑이'라고 합니다. '신래위'란 말이 시간이 흐르면서 '실랑이'로 불리게 되었지요. '신래위'를 하느라 밀고 당기는 모습이 남을 못살게 하며 옥신각신 다투는 것처럼 보였기 때문입니다.

이럴 때 이렇게 쓰여요

때로는 나이가 더 많다는 이유로 동생에게 무조건 양보를 해야 할 때가 있을 거예요. 분명 내 것인데 무조건 동생에게 양보하라고 하는 부모님의 말씀에 속이 상할 때도 있지요?

"실랑이 그만하고 동생에게 양보하렴."

없는 게 없는 난장

조선 시대 후기입니다.

과거 시험의 첫 시험인 초시 날이 다가오자 전국의 응시생들이 각 지역의 시험장이 있는 곳으로 모여들었어요.

한양 근처에 살고 있던 김 도령도 부지런히 서둘러서 과거 시험 하루 전날 한양에 도착했지요.

과거 시험장 문 앞에는 이미 들어가려는 줄이 쭉 늘어서 있었어요.

"도련님, 벌써 줄을 저렇게나 많이 섰는뎁쇼. 저도 얼른 가서 서야겠구먼요."

돌쇠가 내달리려 하자 김 도령이 돌쇠의 팔을 잡았어요.

"아니다! 좋은 자리 차지해서 뭐하겠느냐. 답안을 잘 써야지. 우선 뭘 좀 먹고 오자."

"히히, 안 그래도 밥 달라고 배 속이 요동을 치는구먼요."

김 도령과 돌쇠는 난장을 찾아 걸음을 옮겼어요.

난장은 정기적으로 서는 장이 아니고 특별한 일이 있을 때 임시로 서는 장을 말합니다.

"종이 사세요. 이 종이에 연습을 하면 답이 술술 써집니다. 여기서만 파는 특별한 종이입니다!"

"엿이요! 이 엿을 드시면 초시는 물론이고 복시까지 철썩 붙을 것입니다!"

난장에서는 여러 장사치들이 모여들어 물건을 파느라 시끄럽게 떠들어 댔어요.

"지난 과거 시험 문제 있어요! 6년 전, 9년 전 것도 다 있습니다! 한번 쫙 훑어보면 합격은 떼 놓은 당상이요!"

"도련님, 얼른 저 문제집 한 권 사십시오. 혹시 전에 낸 문제가 또 나올지도 모르잖습니까?"

"됐다. 지난번에도 네 말을 듣고 샀지만 아무 소용도 없었던 것을 벌써 잊었느냐."

김 도령의 말에 돌쇠는 입을 꾹 다물었어요. 하지만 이내 다시 해죽거리며 김 도령을 봤어요.

"그럼 저 엿 한 뭉텅이 사 올깝쇼? 저것만 드시면 철썩 붙어서 절대 안 떨어진다는……."

"시끄럽다. 소용도 없는 것을! 어서 국밥집이나 찾아보아라."

> **조선 시대 과거 시험 제도는?**
> 조선에서는 관리가 되려면 반드시 과거 시험을 치러야 했어요. 과거 시험은 천민을 제외하고 누구나 볼 수 있었지만, 실제로는 주로 양반들이 관직에 진출하는 통로가 되었지요.
> 과거 시험은 문관을 뽑는 문과, 무관을 뽑는 무과, 기술관을 뽑는 잡과로 나뉘었는데, 고급 관료가 되어 출세하기 위해서는 문과를 봐야 했어요. 문과는 초시와 복시 등 모두 세 번에 걸쳐 최종 합격자 33명을 선발했고, 그중 1등을 하는 것을 장원 급제라고 했어요. 장원 급제한 사람에게는 합격증과 어사화를 내렸지요. 장원 급제자는 어사화를 쓴 채 말을 타고 삼일 동안 풍악을 울리는 축하 행진을 벌였답니다.

 김 도령이 버럭 화를 내자 돌쇠는 국밥집을 찾아 허둥지둥 앞장섰어요.
 "자, 점 보고 가시오. 과거에 합격할지 낙방할지 알려 드려요."
 돌쇠의 눈길이 이번에는 점쟁이에게 멎었어요.

111

"도련님! 저기, 저어……."

돌쇠가 손가락으로 점쟁이를 가리키다 얼른 손을 내렸어요. 김 도령이 눈을 가늘게 뜨고 돌쇠를 노려보고 있었거든요.

"난장은 고양이 뿔이나 중의 상투도 살 수 있는 곳이라더니, 정말 오만 가지 물건이 다 있구먼요."

돌쇠는 김 도령의 눈치를 살피며 소리쳤어요.

"허허, 이놈아! 고양이가 뿔이 어디 있느냐! 빡빡머리 스님에게 무슨 상투가 있느냐 말이다."

돌쇠의 능청에 김 도령은 그만 껄껄 웃고 말았어요.

물건을 파는 사람과 사는 사람부터 구경꾼들까지 시끄러운 난장은 싸움터 같기도 하고 잔치마당 같기도 합니다.

> 여기서 나온 말이 바로 '난장판'입니다. 임시로 서는 큰 장이다 보니 전국에서 온갖 장사치들이 다 모여들었습니다. 하지만 언제 다시 만날지 모르는 뜨내기 손님이란 생각에 욕설과 사기, 싸움, 폭행이 흔하게 벌어졌어요. 그 때문에 오늘날 '난장판'이란 말이 생겨났답니다. 난장판은 여러 사람이 떠들거나 뒤엉켜 뒤죽박죽이 된 곳이나 상황을 뜻합니다.

이럴 때 이렇게 쓰여요

부모님이 모두 외출한 휴일, 친구들을 불러서 집 안을 휩쓸며 놀아 본 기억 한 번쯤은 있지요? 온갖 장난감을 다 꺼내서 놀고, 군것질거리도 여기저기 흘리며 먹고 말이죠. 부모님이 돌아와서 집 안 모습을 보면 눈이 휘둥그레질 거예요. 엄마 아빠가 오기 전에 다 정리해 놓아야겠죠?

"어휴! 집 안이 난장판이네, 난장판!"

통금을 어긴 사람을 잡는 순라군은 술래!

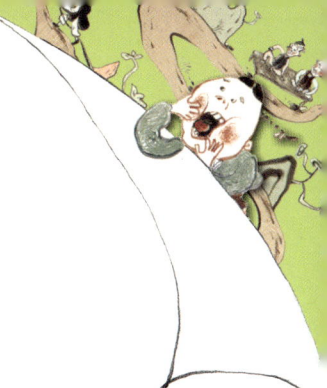

고려와 조선 시대 때에는 도둑이나 화재를 막기 위해 궁궐과 도성 안팎을 순찰하던 순라군이 있었어요. 순라군들은 초경*부터 오경까지 번갈아 가며 순찰했어요.

'이상하네, 저 사람 뭐하는 거지?'

김 순라는 순라군들과 보조를 맞춰 걸으면서 고개를 갸웃거렸어요.

방앗간 귀퉁이에서 한 남자가 쪼그려 앉아 뭔가를 하며 이따금씩 주위를 힐끔거렸거든요.

그 남자를 보느라 김 순라의 걸음이 느려지자 대장의 눈길이 김 순라에게 멎었어요. 이내 대장의 눈은 김 순라의 눈길을 따라 방앗간 쪽으로 미끄러져 갔지요.

"방화범이다! 잡아라!"

대장이 손가락으로 방앗간을 가리키며 소리쳤어요. 그러자 10여 명의 순라군이 대장의 손짓을 쫓아 우르르 달려갔어요.

> **순라군은 어떤 일을 했나요?**
> 궁궐과 한양의 도둑 및 화재 등을 방비하기 위해 밤에 순시하던 군인들을 '순라군'이라고 합니다. 오군영(훈련도감, 총융청, 수어청, 어영청, 금위영)의 군인들이 초경부터 오경까지 번갈아 가며 순찰했답니다. 이들은 도성을 여덟 패로 나눈 뒤 각각 한 패씩 맡아 순찰했는데, 암호와 야간 통행증(경첨)을 사용했어요. 야간 통행 위반자를 적발하면 부근의 경수소에 가뒀다가 다음 날 군영에서 곤장으로 처벌했답니다.

*초경 : 하룻밤을 오경으로 나눈 첫째 부분으로, 저녁 7시에서 9시 사이.

방앗간 앞에 있던 남자는 놀라서 허겁지겁 도망쳤어요. 하지만 순라군을 따돌릴 수는 없었지요.

"어서 저놈을 포승줄로 묶어라."

대장의 명에 순라군들은 서둘러 남자를 포승줄로 묶었어요. 그때였어요.

"댕! 댕! 댕!"

이경을 알리는 종소리가 울려 퍼졌어요.

"마침 교대할 시간이군."

"대장님, 오늘은 우리 조가 한 건 했습니다."

순라군들은 의기양양하게 교대지로 향했어요.

'순라'가 변해 '술래'가 되었어요. 도둑이나 방화범을 찾으러 다니는 순라처럼 '술래'도 놀이에서 숨은 아이들을 찾아낸답니다.

이럴 때 이렇게 쓰여요

친구들과 모여 술래잡기를 하고 놀기로 했어요. 이제 술래를 뽑을 차례! 공평하게 술래를 뽑는 데는 가위바위보만 한 게 없을 거예요. 가위바위보! 다들 가위를 냈는데 혼자 보자기를 냈네요!

"으아, 내가 술래네! 다 잡아 주겠어!"

햇보리가 나오면 보릿고개일세!

옛날에는 오뉴월 초여름이 되면 마땅하게 먹을 농작물이 없어서 무척 힘든 시기를 보내야 했어요.

"순덕아, 나무껍질이라도 벗기러 가자."

엄마의 말에 순덕이는 마지못해 망태를 메고 따라 나섰지요.

마을 어귀에서 보퉁이를 머리에 이고 바삐 걸어가는 덕구 엄마와 마주쳤어요.

"아이구, 순덕이네! 난 또 못 보고 가면 어떡하나 했네. 우리 지금 고향을 떠나는구먼."

"네? 형님마저 떠나시면……. 그냥 좀 참고 견디시면 안 돼유? 보릿고개엔 어딜 가나 힘들긴 마찬가지잖유."

"나도 그러고 싶은데……, 이러다 전부 굶어 죽게 생겼구먼. 덕구 아부지 말로는 바닷가로 가믄 좀 나을 거래. 거긴 조개라도 잡아먹을 수 있응께. 가만히 앉아서 굶어 죽는 것보단 낫겄지."

"엄니, 아부지가 얼른 오시래유."

앞서 가던 덕구가 외쳤어요.

"지금 가는구먼! 순덕이네, 살아 있으믄 다시 만나세. 순덕이도 잘 지내거라이."

덕구 엄마는 손을 두어 번 흔들고는 바삐 걸어갔어요.

순덕이랑 엄마는 덕구네 식구가 산모퉁이 너머로 사라질 때까지 멍하니 바라봤어요.

큰길 양쪽으로 펼쳐진 논에는 쑥 자란 햇보리가 바람 따라 푸른 물결을 이루며 출렁거립니다.

"태산보다 높다는 이놈의 보릿고개가 기어이 고향을 등지게 하는구먼. 보리야, 어서어서 익어라. 그래야 더는 고향을 떠나는 사람이 없지."

엄마가 한숨처럼 말을 토해 냈어요.

"엄니, 보릿고개가 뭐예유?"

"지금이 보릿고개여. 작년에 농사지은 곡식은 다 떨어졌는디 올해 첫 농사인 저 햇보리는 아직 여물지 않았으니 먹을 게 어디 있겠냐? 저 햇보리가 다 여물 때까지 넘기 힘든 고개라는 뜻이여."

순덕이는 말없이 고개를 끄덕거렸어요. 봄에는 그나마 쑥이나 냉이 같은 나물도 있고 어린 나뭇잎을 뜯어다 삶아 먹을 수도 있었지만 지금은 나물도 나뭇잎도 억

> **농경 사회의 서민 생활은 어땠나요?**
> 농경 사회에서는 소유한 땅에 농사를 짓는 자작농의 경우 부유한 생활을 할 수 있었지만, 자기 땅이 없는 농민이나 소작농들은 노예와 크게 다를 게 없었어요. 흉년에는 땅세를 내고 나면 먹을 식량이 부족해서 나물이나 나무껍질, 칡뿌리 등 산과 들에서 나는 것들을 캐 먹어야 했답니다.

세서 먹을 만한 게 아무것도 없었거든요.

"엄니, 우리는 이 보릿고개를 꼭 잘 넘어유. 이제 곧 저 보리가 노랗게 익을 거잖아유."

"아암, 그래야지. 나무껍질을 벗겨 먹으면서라도 질기게 버텨서 거뜬히 넘어야지."

엄마는 눈에 눈물이 어룽진 채로 순덕이를 꼭 껴안았어요.

'보릿고개'는 햇보리가 나올 때까지의 넘기 힘든 고개라는 뜻입니다. 묵은 곡식은 거의 떨어지고 햇보리도 아직 여물지 않아서 농촌의 식량 사정이 가장 어려운 때를 비유적으로 이르는 말입니다.

이럴 때 이렇게 쓰여요

우리나라가 지금처럼 풍요로운 모습을 가지게 된 것은 사실 그리 오래된 일이 아니에요. 일제 강점기 이후 육이오 전쟁을 거치며 나라가 폐허가 됐거든요. 하지만 많은 사람들이 노력한 덕분에 이렇게 금방 회복할 수 있었어요. 당시를 겪은 어른들은 이렇게 말하곤 해요.

"그때는 너나 할 것 없이 보릿고개였지. 제대로 밥 한 끼 챙겨 먹고 사는 것이 힘들었으니."

잘못 뒤집으면 바가지를 써요

조선 시대 말, 중국에서 십인계라는 도박이 들어왔어요.

"자, 돈 벌어 가실 분들 이리 오시오. 세상에 이보다 쉬운 돈벌이는 없구먼요. 한 번에 많은 돈을 벌 수 있는 기회!"

시장 바닥 한쪽에서 십인계 도박 물주*가 소리쳤어요.

"쉽게 돈을 번다고?"

"어디 구경이나 좀 하자."

사람들이 웅성거리며 물주 앞으로 모여들었어요.

"여기 1부터 10까지의 숫자가 적힌 바가지가 있죠? 돈을 걸고 이 바가지들을 잘 보고 있다가 제가 부르는 숫자가 적힌 바가지를 맞히면 여기 걸린 돈을 전부 드립니다. 하지만 아무도 못 맞히면 돈은 제가 갖습니다. 어때요, 아주 쉽죠?"

물주는 긴 탁자 위에 놓인 열 개의 바가지를 탁탁 두드려 대며 말했어요.

"맞히면 정말 돈을 다 주오?"

"한 입으로 두말하면 천벌 받죠. 눈만 크게 뜨고 잘 보면 돈을 거저 먹습니다!"

*물주 : 노름판에서 선을 잡고 돈을 건 사람을 상대로 판을 겨루는 사람.

물주가 벙실거리며 말했어요. 그러자 여기저기서 짤랑거리며 돈주머니를 꺼내는 소리가 요란하게 들렸어요.

"자, 그럼 시작합니다. 숫자가 적힌 이 바가지들을 잘 보세요."

물주는 사람들에게 숫자가 적힌 바가지 속을 차례로 보여준 뒤 바가지를 모두 엎어서 이리저리 마구 섞었어요. 손이 어찌나 빠른지 바가지들이 춤을 추듯 이리저리 옮겨 다닙니다.

"눈 크게 뜨고 잘 보셨죠? 그럼 7! 7이 적힌 바가지는 어느 것일까요? '이거다.' 싶은 바가지에 각자 돈을 거세요."

물주가 소리치자 모여든 사람들이 서로 눈치를 보며 제각각 바가지 앞에 돈을 걸었어요.

"다 거셨습니까? 자, 그럼 오늘 이 많은 돈을 가져갈 운 좋은 사람은 누굴까요?"

물주의 말에 바가지에 돈을 건 사람들은 마른침을 꿀꺽 삼켰어요.

"아, 답답해 죽겠네. 뜸 그만 들이고 어서 바가지나 뒤집어 보슈."

얼굴이 우락부락하게 생긴 남자가 소리쳤어요.

"아이쿠, 성질 한번 급하시네. 좋습니다. 그럼 지금부터 뒤집습니다!"

개화기 외래 문물은?

우리나라는 개화기인 1876년부터 외국 문물이 물밀 듯이 들어왔어요. 그때 각 나라의 여러 가지 도박 문화도 함께 들어왔는데, 일본의 화투와 중국의 마작, 십인계 등이 대표적인 것입니다. 그 밖에도 오늘날의 카페같이 커피를 마시는 다방이 생겨났고, 고딕 양식의 석조 건물도 지어지기 시작했어요. 1884년에는 파발이나 인편으로만 전하던 소식을 전문적으로 전해 주는 우정국이 생겨났고, 제중원이라는 서양식 의원도 문을 열었어요. 또 에디슨이 전등을 발명한 지 채 5년도 안 돼 경복궁에 전깃불이 밝혀졌지요. 이렇듯 많은 변화가 생겼답니다.

물주가 첫 번째 바가지를 뒤집자 6이라고 적힌 숫자가 보였어요. 6번에 돈을 건 사람들은 한숨을 푹푹 내쉬었지요. 물주가 나머지 바가지들을 차례로 뒤집었어요. 9, 1, 5……. 숫자가 적힌 바가지가 뒤집어질 때마다 사람들의 한탄 소리는 커져 갔어요.

다음은 아무도 돈을 걸지 않은 바가지입니다. 그 바가지를 뒤집자 숫자 7이 보입니다.

"하하, 이런! 오늘 운이 제일 좋은 사람은 저로군요."

물주는 벙실거리며 도박판에 놓인 돈을 모두 긁어 주머니에 쏟아 넣었어요.

"뭐야! 당신 이거 속임수지? 내가 두 눈 부릅뜨고 똑똑히 봤어. 7이 적힌 바가지는 이거였단 말이야! 이 나쁜 놈, 내 돈 내 놔!"

우락부락한 남자가 물주에게 덤벼들었어요.

"뭐, 속임수라고? 졌으면 깨끗이 물러날 줄 알아야지, 어디서 행패야!"

물주와 우락부락한 남자가 뒤엉켜 시장 바닥을 굴렀어요.

그 모습을 보던 사람들이 한마디씩 하며 혀를 찼어요.

"그러게 노름판에 왜 끼어. 세상에 쉽게 버는 돈이 어딨다고."

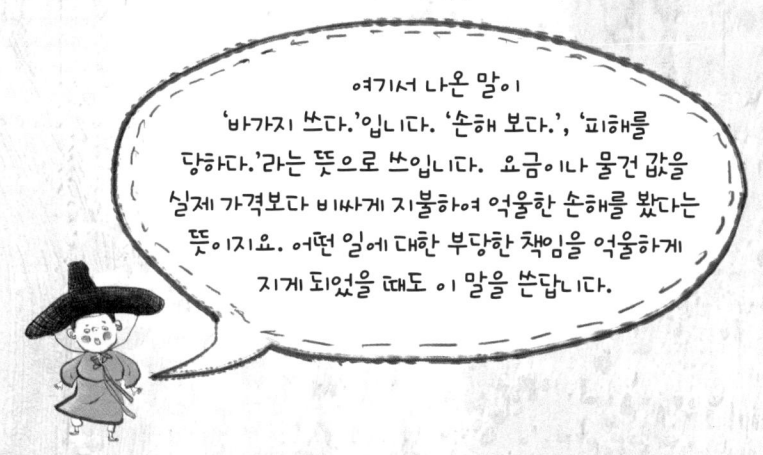

여기서 나온 말이 '바가지 쓰다.'입니다. '손해 보다.', '피해를 당하다.'라는 뜻으로 쓰입니다. 요금이나 물건 값을 실제 가격보다 비싸게 지불하여 억울한 손해를 봤다는 뜻이지요. 어떤 일에 대한 부당한 책임을 억울하게 지게 되었을 때도 이 말을 쓴답니다.

이럴 때 이렇게 쓰여요

시장에 가서 물건을 사고 돌아오는 길에 다른 가게에서 같은 물건을 더 싼 값에 파는 경우를 본 적 있을 거예요. 그러니 섣불리 물건을 사지 말고, 가격을 비교해 보고 사야 손해를 보지 않을 거예요!

"앗, 여기가 더 싸잖아! 바가지 썼네!"

저 남산골 샌님은 언제쯤 합격할까?

조선 시대에 한양은 청계천을 기준으로 북쪽 일대는 북촌, 남쪽 일대는 남촌으로 불렸어요.

북촌에는 주로 권세 있는 양반들이 모여 살았고, 남산 기슭의 남촌에는 몰락한 양반 자손이나 과거에 급제하지 못한 선비들이 모여 살았지요.

남산골 허름한 초가집에 들어앉은 이 생원은 종일 책만 읽었어요.

'쪼르륵, 쪽쪽……'

배 속이 요동친 지 오래입니다.

점심 때가 한참이나 지났는데 부인은 밥상 들어올 생각도 하지 않고 삯바느질만 하고 있었지요.

"어쩌나…… 쌀도 떨어지고, 땔감도 떨어지고……."

이 생원의 마음을 눈치 챈 부인이 한숨 섞인 푸념을 늘어놓습니다.

이 생원은 못 들은 척 책 읽는 목청을

북촌과 남촌은 어디예요?

조선 시대에 한양의 주요 거주 지역은 신분 계층에 따라 뚜렷이 나뉘었습니다. 청계천을 기준으로 북쪽에 위치한 북촌에는 권세가들이 모여 살았어요. 정궁인 경복궁과 창덕궁 사이에 자리한 탓에 궁궐과 관청이 가까워 북촌은 항상 번성하는 곳이었지요. 반대로 남산 기슭을 중심으로 한 남촌에는 하급 관리와 가난하거나 몰락한 양반들이 모여 살았답니다.

한층 높였어요. 그러자 배가 고프다 못해 쿡쿡 쑤십니다.

'바람이라도 쐬고 오자.'

이 생원은 낡을 대로 낡은 두루마기를 걸쳤어요. 찌그러진 갓도 머리에 얹었지요.

"때도 지난 시각에 어딜 가십니까?"

"과거 시험 방이라도 붙었나 보고 오겠소."

말은 그렇게 했지만 사실은 부인의 푸념이 길어질까 봐 지레 피하는 것입니다.

짚신이 다 닳아 떨어진 탓에 이 생원은 날씨가 맑은 데도 나막신을 신고 길을 나섰어요.

"딸깍딸깍!"

이 생원의 나막신 소리가 남산 기슭을 울립니다.

"남산골 샌님이로군. 딸깍딸깍, 아이고 시끄러워."

"저 딸깍발이들은 비 오는 날에나 신는 나막신을 왜 햇볕 쨍쨍 나는 날에도 끌고 다니나 몰라. 창피한 줄도 모르는지 원. 쯧쯧!"

이 생원의 귀에도 사람들이 수군거리는 소리가 훤히 들립니다.

'어디서 난리라도 안 나나? 벼슬자리 하나 뚝 떨어지게.'

이 생원은 한숨을 꿀꺽 삼키고 어깨를 편 채 남산 비탈길을 딸깍거리며 내려갑니다.

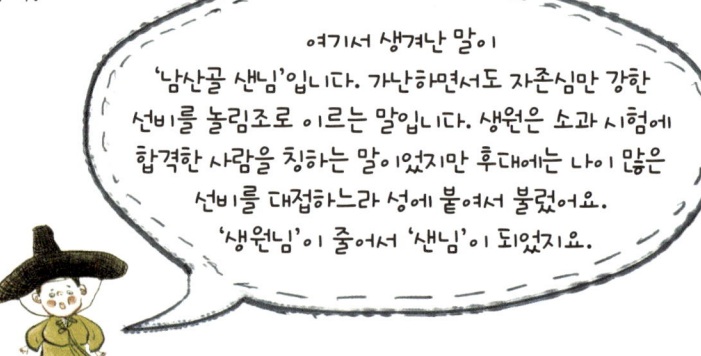

여기서 생겨난 말이 '남산골 샌님'입니다. 가난하면서도 자존심만 강한 선비를 놀림조로 이르는 말입니다. 생원은 소과 시험에 합격한 사람을 칭하는 말이었지만 후대에는 나이 많은 선비를 대접하느라 성에 붙여서 불렀어요. '생원님'이 줄어서 '샌님'이 되었지요.

이럴 때 이렇게 쓰여요

옆집 아저씨는 몇 년째 고시 공부를 하고 있어요. 몇 년 동안 시험에만 매달리니 남루한 옷차림에 밥도 제대로 챙겨 먹지 못하는 모양이에요. 동네 어른들이 안타까운 마음에 음식이라도 챙겨 주려고 하면 한사코 거절을 합니다. 그 모습을 본 어른들이 한마디 하지요.

"남산골 샌님이 따로 없네."

한 푼 두 푼 푼돈을 모아요

오랜만에 한양 나들이를 온 김 도령은 마당쇠와 광통교로 시장 구경을 나갔어요.

"도련님, 돈이란 것이 참 좋긴 하구먼요. 요것만 있으면 주막에서 밥도 사 먹고 잠도 자고. 참말 편한 물건이라니께요."

마당쇠가 신이 나서 강중거리자 등에 진 봇짐이 덩달아 덜렁덜렁 춤을 춥니다.

"도련님, 한 푼만 줍쇼."

꼬마 거지가 쪼르르 달려와 두 손을 내밀며 납죽 조아렸어요.

"야, 야! 저리 가! 한 푼이 누구 이름인 줄 아냐?"

마당쇠는 김 도령과 꼬마 거지의 사이를 막아서며 외쳤지요.

"비켜라. 어린것이 안됐지 않느냐."

김 도령은 돈주머니에서 한 푼을 꺼내 꼬마 거지에게 주었어요.

우리나라 화폐의 역사는 어떻게 되나요?

우리나라에서 발견된 가장 오래된 화폐는 조개껍데기입니다. 이후 고조선의 명도전, 삼국 시대의 오수전 등을 들 수 있지요. 고려 시대에는 성종 때 건원중보를 만들어 썼고, 공양왕 때는 지폐도 발행했어요. 조선 시대 들어서는 세종 때까지만 하더라도 화폐를 계속 사용하려 했지만 민간 시장이 없는 까닭에 실패했어요. 그래서 민간 시장이 활성화된 숙종 무렵부터 상평통보를 만들어서 조선 말까지 사용했답니다.

"고맙습니다, 고맙습니다, 도련님! 꼭 복 받으실 겁니다요."

꼬마 거지는 벙실거리며 거푸 머리를 조아렸어요. 그 때 어디선가 또다른 꼬마 거지들이 우르르 달려왔어요.

"도련님, 저도 한 푼만 줍쇼."

"저도 한 푼만 줍쇼."

모두들 두 손을 모으고 김 도령 앞으로 몰려들었지요.

"이제 없어. 저리 가!"

마당쇠는 꼬마 거지들을 향해 눈을 부라렸어요.

"마당쇠야! 왜 이리 야박하냐. 어린것들이 불쌍하지도 않느냐?"

김 도령은 혀를 차며 다시 돈주머니에 손을 밀어 넣었어요.

"도련님, 왜 이러십니까! 절대 안 됩니다요."

"괜찮다. 딱 한 푼씩만 줄 것이다."

"한 푼이 모여 두 푼이 되고 두 푼이 서 푼, 너 푼 결국 열 푼이 됩니다. 열 푼이면 한 냥입니다요. 고향에 돌아갈 여비도 생각하셔야지유. 이러다 도련님이랑 소인이 빌어먹어야 할지도 모릅니다요."

마당쇠는 광통교 쪽으로 김 도령의 등을 마구 떠밀었어요.

"도련님, 한 푼만 주세요. 딱 한 푼이면 됩니다!"

꼬마 거지들은 우르르 김 도령의 뒤를 쫓았어요.

이럴 때 이렇게 쓰여요

백 원, 이백 원 하면 어떤 생각이 드나요? 적은 돈이라 별로 크지 않게 느껴지지요? 하지만 백 원, 이백 원이 모여서 천 원이 되고 천 원이 모여서 만 원이 됩니다. 그래서 부모님이 자꾸 돼지 저금통을 사 주며 저금하라고 하는 거지요.

"푼돈이 모여서 목돈이 되는 거야!"

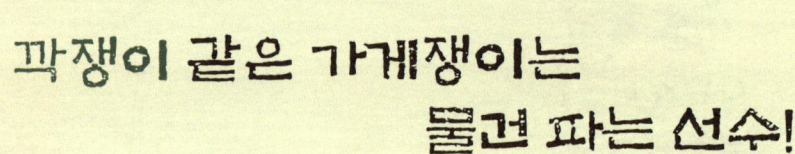

깍쟁이 같은 가게쟁이는 물견 파는 선수!

고려의 수도 개경에는 길가에 가게들이 즐비했어요. 가게마다 물건을 늘어놓고 팔았지요.

치마저고리를 입은 아가씨 둘이 가게 앞에 쪼그려 앉아 옷감을 만지작거렸어요.

"어머, 이 옷감 좀 봐. 색깔이 정말 예쁘다."

"감촉도 좋아. 이런 걸로 옷을 해 입으면 아주 예쁘겠다."

연분홍, 노랑, 빨강……. 색색의 옷감들을 늘어놓은 가게는 마치 무지개 꽃밭 같아 보였어요.

"아이고, 그럼요! 옷으로 해 입으면 더 예쁘죠! 아가씨는 얼굴이 박꽃처럼 하얘서 연분홍색 옷감으로 해 입으면 선녀가 따로 없겠네요."

개성상인은 어떤 사람들인가요?

고려와 조선 시대에 개성을 중심으로 국내의 상업과 국제 교역을 담당했던 상인 집단을 말합니다. 고려 이전부터 이미 발달된 상업 도시였던 개성은 상인 출신의 왕건이 고려를 건국하면서 더욱 큰 국제 무역 도시로 번성했어요. 개성상인들은 고려 초기부터 상업과 경영에 꼭 필요한 부기법인 '사개송도치부법'을 만들어 사용했는데, 이는 서양보다 무려 200년이나 앞섰답니다. 그만큼 발달한 상술을 지녔고, 지식 수준 또한 매우 높았지요. 하지만 조선 시대에 들어와 정부에서 상업 금지령을 내리면서 어려움에 처하게 되자 조선 팔도를 연결하는 행상 조직을 만들어 시전에 물건을 납품하기도 하고 농민들에게 겨울옷과 농기구를 팔며 그 세력을 유지했답니다. 그러다 조선 후기에는 가장 큰 상인 세력으로 성장했지요.

옷감 가게 주인이 연분홍색 옷감을 아가씨 앞으로 쑥 내밀며 말했어요.

"어머, 그래요?"

옷감을 받아 든 아가씨 입이 해죽 벌어졌어요.

"거기 예쁜 아가씨는 이 치자 빛깔 옷감이 좋겠네. 이 옷감으로 지은 옷을 입으면 총각들이 줄줄 따를 겁니다."

옷감 가게 주인이 또 다른 아가씨에게는 치자 빛깔 옷감을 내밀었어요.

"너한테 정말 잘 어울린다."

"너도 그래."

아가씨들은 옷감을 사서 경쾌한 걸음으로 가게 문을 나섰어요.

"세상에, 옷감 파는 솜씨가 보통이 아니구먼. 순식간에 두 필을 팔아치우네."

그 모습을 지켜보던 아주머니가 고개를 잘래잘래 흔들며 중얼거렸어요.

"여태 몰랐수? 가게쟁이들이 장사를 얼마나 잘하는데요. 셈도 밝고 거래도 말끔하게 한다우."

옆에 서 있던 아줌마가 소곤거리듯 말했어요.

"소문을 듣긴 했는데 눈앞에서 보니 입이 떡 벌어지네요."

두 아주머니가 소곤거리는 중에도 가게쟁이들은 끊임없이 물건을 팔아 댔어요.

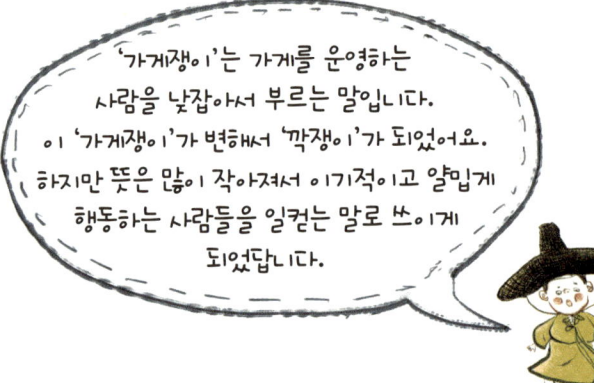

'가게쟁이'는 가게를 운영하는 사람을 낮잡아서 부르는 말입니다. 이 '가게쟁이'가 변해서 '깍쟁이'가 되었어요. 하지만 뜻은 많이 작아져서 이기적이고 얄밉게 행동하는 사람들을 일컫는 말로 쓰이게 되었답니다.

이럴 때 이렇게 쓰여요

왠지 도도해 보이는 모습에 선뜻 말을 붙이기 힘든 친구가 있어요. 그런 친구를 보고 다들 깍쟁이라고 말해요. 하지만 사실 쑥스러워서 먼저 말을 걸지 못하고 있는지도 몰라요. 속마음은 그러지 않은데 말이에요. 친해지고 나면 누구보다 따뜻한 마음을 가진 친구임을 깨닫게 될 거예요!

"혜나는 깍쟁이인 줄 알았는데, 알고 보니 정도 많고 착한 친구였어!"

'깍쟁이'에 대한 또 다른 이야기

깍쟁이라는 낱말의 유래에 대한 이야기는 다른 것도 있습니다.

조선을 세운 태조 이성계는 1394년 한양으로 수도를 옮겼습니다. 그때 한양에서는 범죄를 저지르면 범죄자의 얼굴에 먹으로 죄명을 새긴 뒤 석방했다고 합니다. 이들을 '깍정이'라고 불렀답니다. 이들은 청계천과 마포 등지의 조산에서 기거하며 구걸을 하거나, 장사 지낼 때 무덤 속의 악귀를 쫓는 방상시 노릇을 해서 상주에게 돈을 뜯어내던 무뢰배가 되었습니다. 그러나 점차 그 뜻이 축소되어 이기적이고 얄밉게 행동하는 사람들을 일컫는 말로 쓰이게 되었다는 것입니다.

그러나 이 설은 역사적 사료와 시기를 따져 보면 맞지 않는 어원입니다. 범죄자들의 얼굴에 먹으로 죄명을 새기는 형벌은 '자자형' 또는 '묵형'이란 것으로, 조선 시대에 이런 형벌이 시작된 것은 태조 때가 아니라 그 후대인 세종 때입니다. 세종 때(세종 18년) '자자형'을 실시하여 영조 때(영조 16년)에 폐지되었지요. 기록상 태조 때는 이 형벌에 대한 건의만 있었을 뿐 실시한 적은 없답니다.

또 다른 어원으로는 '깍쟁이'가 서울의 땅꾼과 뱀장수를 일컫는 말에서 유래되었다는 것입니다. 그들은 청계천 다리 밑이나 개울가에 움막을 짓고 살며, 엄격한 집단 생활을 하면서 저잣거리에서 어리숙한 사람을 속이기도 했답니다. 거지를 부르는 말로 쓰여 '거지 깍쟁이'라는 말이 생겼다는 설입니다.

오늘의 당번 패거리가 우르르!

조선 시대의 이야기입니다.

쇠돌이는 도련님을 따라 태어나서 처음으로 한양 나들이를 왔어요.

성문 안으로 들어서자 으리으리한 기와집이 줄지어 있었어요. 거리에는 색색의 치마저고리를 입은 여자들이 장옷으로 얼굴을 가린 채 오갔지요.

"도련님, 한양은 정말 좋구먼요. 온통 으리으리, 번쩍번쩍 하네유."

"촌놈이 서울에 오니 눈이 부시지?"

"헤헤, 소인이야 언제 한양 땅 한번 밟아 봤어야 말이지유. 도련님 덕분에 호강하는구먼요."

쇠돌이는 커다란 덩치에도 겅중거리며 아이처럼 좋아했어요. 연신 주위를 두리번거리며 벌어진 입을 다물지 못했지요. 그 때 한 무리의 군사들이 줄을 맞춰 걸어가는 것이 보였어요.

> **조선 시대 수도 한양 수비군은 뭐예요?**
> 조선의 군대는 초기 오위에서 임진왜란 이후 오군영(훈련도감, 어영청, 금위영, 총융청, 수어청)으로 조직이 바뀌었어요. 이들 중 수도 한양을 지키던 군대는 훈련도감과 어영청, 금위영 등 세 개 군대였어요. 이들은 한양을 여덟 개의 패로 나누어 각각 수비했지요. 오늘날에 '팔패동(중구)', '칠패(서울역)' 등의 지명은 그때의 흔적이랍니다.
> 훈련도감의 군사는 5천 명 정도였는데 월급을 받으며 복무했어요. 나머지 군대는 징집된 군사들로 어영청은 최대 1천 명, 금위영은 9만 명(지방군 포함)까지 늘어나기도 했어요.

"도련님 무슨 큰일이라도 났나 봐유. 저 군사들 좀 보세유."

쇠돌이는 도련님 옆에 바짝 붙어서 눈만 군사들 쪽으로 굴렸어요. 도련님은 그 모습이 우스워 보일 듯 말 듯 웃었어요.

"당번 서러 가는 거야. 임금님이 계신 궁궐이 바로 옆에 있는데. 저 정도는 되어야 궁궐이랑 성 안팎을 지키지."

"아, 그렇지. 임금님을 지켜야지! 난 또 무슨 큰일이 생긴 줄 알고 깜짝 놀랐구먼요."

그제야 쇠돌이는 긴장해서 잔뜩 움츠렸던 어깨를 폈어요.

"50명이 한 조를 이루는데 그걸 '패'라고 해. 여러 패가 있어서 돌아가며 당번을 서지."

"와, 우리 도련님은 모르시는 게 없다니까. 이번 과거 시험엔 꼭 붙으실 거구먼요."

"그래, 이번엔 꼭 합격을 해야 할 텐데……."

도련님은 한숨을 푹 내쉬었어요.

그 맘을 아는지 모르는지 쇠돌이는 겅중거리며 저만치 멀어져 가는 군사들에게서 눈을 떼지 못했어요.

'패'에서 나온 말이 '패거리'입니다. 패거리는 같이 어울려 다니는 사람의 무리를 낮잡아 부르는 말입니다.

이럴 때 이렇게 쓰여요

친구들하고 우르르 몰려서 놀러 다니는 것만큼 신 나고 재밌는 일도 없을 거예요! 한바탕 친구들과 모여서 놀고 집에 들어가면 엄마가 꿀밤을 콩 하고 때리며 한마디 하지요.

"그렇게 맨날 패거리로 몰려서 놀러만 다니니 다들 성적이 떨어지지."

아직 한참은 더 가야지!

옛날에는 나라의 명령이나 급한 공문을 전할 때 주로 말을 이용했어요. 그리고 일정한 거리마다 지친 말을 갈아타기 위한 곳을 마련해 두었는데 이곳을 역참이라고 합니다.

"아버지, 다리 아파요."

개똥이는 바닥에 털썩 주저앉았어요.

아버지를 따라 장에 갈 때는 좋았는데 그만큼 다시 걸어서 돌아오려니 몹시 힘들었어요.

"그럼, 좀 쉬었다 가자."

개똥이와 아버지는 나란히 길가에 앉았어요.

'딸랑 딸랑!'

그 때 멀리서 방울 소리가 들려왔어요.

"아버지 이게 무슨 소리예요?"

개똥이가 눈을 동그랗게 뜨고 물었어요.

"파발꾼이 오고 있나 보구나."

아버지의 말에 개똥이는 고개를 끄덕이며 소리가 나는 방향을 뚫어지게 바라봤어요. 방울소리는 점점 더 가까워졌고, 이내 말 한 마리가 산모퉁이를 돌아 달려왔어요.

"우아, 빠르다!"

개똥이는 입이 딱 벌어져서 달려오는 말을 향해 박수를 쳤지요.

"이랴, 이랴!"

나졸*은 말에 박차를 가하며 부지런히 달렸어요. 코앞까지 왔나 싶었던 파발꾼이 탄 말은 그새 또 저만치 멀어졌어요.

"아버지 저 말은 어디까지 가요?"

"한참 가야지."

"한참?"

"말도 사람도 쉬어야 하잖느냐. 그래서 일정한 거리마다 지친 말을 갈아탈 수 있도록 역참을 뒀단다. 역참에서 역참까지를 한참이라고 하지."

"우리도 말 타고 가면 좋을 텐데……."

개똥이는 뿌얀 먼지를 일으키며 멀어지는 파발마에서 눈을 떼지 못했어요.

"우리 형편에 무슨 수로 말을 타겠느냐. 헛된 꿈꾸지 말고 그만 일어서자. 부지런히 걸어야 해 지기 전에 집에 도착하지."

> **조선 시대 역참 제도, 파발**
>
> 조선에서는 나라의 급한 소식을 전할 때 봉화를 이용했어요. 낮에는 연기로, 밤에는 불을 피워 신호를 보냈지요. 하지만 비와 안개가 심할 경우 봉화는 아무런 소용이 없었어요. 그래서 말을 타고 전하는 '기별'과 걸어서 전하는 '보별'을 두었고, 이들을 합쳐서 '파발'이라고 했어요. 삼십 리마다 쌀과 말이 준비된 역참을 두어 파발꾼들에게 말과 잠자리를 제공했어요. 한참의 거리는 오늘날 단위로는 12km 정도로 볼 수 있답니다.

*나졸 : 조선 시대에 지방 관아에 속해 심부름하던 사령 등을 일컫는 말.

개똥이와 아버지는 다시 구불구불 끝없이 뻗은 길을 걷기 시작했어요.

'한참'은 두 역참 사이의 거리를 말해요. '한참 걸리다.'는 말은 역참과 역참 사이의 거리가 멀기 때문에 그 사이를 오가는 시간이 오래 걸린다는 뜻으로 쓰던 말입니다. 지금은 한참이 '시간이 상당히 지나는 동안'이라는 뜻으로 쓰입니다.

이럴 때 이렇게 쓰여요

하고 싶은 대로 하는 어른들의 세계가 무척 궁금하지요? 빨리 어른이 되어서 해 보고 싶은 것들이 많을 거예요. 하지만 제 나이 때에만 할 수 있는 일들이 있어요. 얼른 자라서 어른처럼 행동하고 싶겠지만 아직은 여러분 나이에 맞는 행동들을 해야 해요.

"아직 한참은 더 자라야 어른이 되지! 어른이 되면 마음대로 할 수 있으니 걱정 마!"

영감마님 납시오!

조선 시대에 있었던 일입니다.

김도윤은 조정에 나아가 동부승지 임명 교지*를 받고 퇴궐했어요.

승지는 왕명 출납을 담당하는 부서입니다. 임금께 올리는 공문이나 건의사항 등은 임금에게 직접 제출하지 않고 승지를 거쳐 전달했지요.

이미 집에 기별이 갔는지 솟을대문은 활짝 열려 있고, 안채 식구들까지 모두 대문 앞에 나와 반겼어요.

"영감마님! 감축 드리옵니다."

이 서방이 연신 허리를 구부리며 아뢰었어요.

김도윤은 뜻밖의 호칭에 눈을 동그랗게 뜨고 이 서방을 봤어요.

"정3품 벼슬에 오르지 않으셨습니까요. 그러니 이제 당연히 '영감마님'이라 아뢰어야 합지요."

이 서방은 신이 나서 벙실거리며 말했어요.

주인의 벼슬이 높아지면 덩달아 아랫사람들의 어깨까지 쫙 펴집니다. 심부름을 가도 '동부승지 어르신이 보내서 왔습니다.' 하면 대

---

*교지 : 조선 시대에 임금이 신하에게 관직·관작·자격·시호·토지·노비 등을 내려 주는 문서.

우가 다를 테니까요.

"허허, 그렇긴 하다만 어째 좀 쑥스럽구나."

김도윤은 말은 그렇게 하면서도 내심 기분이 좋았어요. 벼슬에 나간 사람이라면 누구나 '영감' 소리를 듣고 싶어 했으니까요. 거기다 '대감' 소리까지 듣는다면 더 이상 바랄 게 없지요.

"영감마님, 쑥스러우시다니요. 벼슬이 높아졌으니 호칭도 달라지는 게 당연합지요. 이제 곧 '대감마님!' 하고 아뢸 날도 멀지 않았구먼요."

이 서방은 연신 영감마님과 안방마님을 향해 해죽거렸어요. 이 서방의 말에 평소 잘 웃지 않는 안방마님까지 입꼬리가 삐죽 올라갔어요.

하지만 그 말을 들은 김도윤이 나직하게 호통을 쳤어요.

"어허, 무슨 경망스런 말인고? 욕심이 과하면 탈이 나는 법이니 말조심하게."

"아이쿠, 죽을죄를 지었습니다요. 몹시도 기뻐서 그만 소인이 나오는 대로 지껄였구먼요."

이 서방이 납죽 엎드리자 김도윤은 이 서방의 등을 가볍게 두드려 주었어요.

조선 시대의 관직 제도는?

조선 시대 법전인 《경국대전》에 따르면 조선 중앙 관직의 숫자는 약 5천506개였어요. 각 품계별로 맡을 수 있는 관직이 정해져 있었는데 정1품은 의정부의 삼정승(영의정, 좌의정, 우의정)을, 종1품 역시 의정부 내의 좌찬성이나 우찬성의 관직을 맡을 수 있었어요. 정2품이 되면 의정부 참찬을 비롯해 육조의 판서와 서울시장 격인 한성부 판윤을 할 수 있었어요. 또 홍문관, 예문관(대제학), 사헌부(대사헌), 사간원(대사간) 등도 할 수 있었지요. 정3품부터 당상관이라고 하였고, 과거 시험에서 장원 급제를 하면 종6품의 품계로 관직은 현감, 주부, 낭청 등을 받을 수 있었어요. 가장 낮은 종9품의 관직에는 참봉이 있었습니다.

이럴 때 이렇게 쓰여요

할아버지와 할머니가 오랜 세월을 함께 하신 모습을 보면 참 대단하다는 생각이 들지요? 투닥거리면서도 서로를 챙겨 주는 모습이 참 따뜻합니다.

"영감, 밥 다 됐으니 식기 전에 얼른 드슈!"

"나으리, 이렇게 교지도 받으셨으니 날을 잡아 축하 잔치를 베풀까 합니다."

안방마님이 조심스레 말을 꺼냈어요. 김도윤은 살며시 고개를 끄덕입니다.

온 집안이 벌써부터 들썩들썩 잔치 분위기네요.

'영감'은 조선 시대에 정3품과 종2품의 당상관을 높여 부르던 호칭입니다. 정2품 이상의 벼슬아치는 대감이라고 부릅니다. 조선 중기에 여든 살 이상의 나이 많은 노인들에게 명예직으로 '수직'이라는 벼슬을 주었는데 그들도 영감이라고 높여 불렀어요. 그 후 세월이 흐르면서 급수가 높은 공무원이나 지체가 높은 사람, 나이 많은 노인의 존칭으로 쓰이게 되었지요.

죄인들을 삼수와 갑산으로 보내라!

조선 시대에 있었던 일입니다.
관원들은 유배 가는 죄인들을 포승줄로 꽁꽁 묶어 이송했어요. 먼 길을 가는 동안 낡고 해진 죄인들의 옷은 먼지투성이였지요.
"갈 길이 멀다. 어서 서둘러라."
비틀비틀 걸어오는 죄인들을 향해 관졸이 소리쳤어요.

마을 어귀 정자나무 아래 모여 앉아 있던 노인들은 지칠 대로 지쳐 있는 그들에게서 눈을 떼지 못했어요.
"어르신, 이 동네에 우물이 어디쯤 있습니까?"
관졸이 마른 침을 삼키며 물었어요.
"저기 보이는 커다란 감나무를 돌아가면 있소."
노인의 손짓에 관졸은 고갯짓으로 끄덕 감사하다는 뜻을 보이고 터벅터벅 걸

> **조선 시대의 유배는 어떤 형벌인가요?**
> 유배 또는 유형은 큰죄를 지은 자를 사형하지 않고 외딴 시골이나 섬같이 먼 곳으로 쫓아내 일정 기간 동안 제한된 장소에서만 살게 하는 형벌이에요. 다른 말로 '귀양'이라고도 합니다. 사형 다음으로 무거운 형벌이었지요.
> 조선 시대에 유배형은 죄의 가볍고 무거움에 따라 유배지까지 거리가 이천 리, 이천오백 리, 삼천 리의 세 등급이 있었으며, 유배지는 지역적으로 삼수갑산과 같은 함경도, 평안도 국경 지역이 가장 많았어요. 또 거제도, 진도, 추자도 등의 섬 지방도 험한 유배지로 꼽혔지요. 영조 때에는 특별한 경우가 아니면 흑산도와 같이 먼 바다의 섬이나 무인도에는 유배를 금지시켰답니다.

어갔어요.

"유배 가는 모양이구먼. 얼마나 중한 죄를 지었기에……, 쯧쯧."

담뱃대를 든 노인이 죄인들을 바라보며 혀를 찼어요.

"중한 죄를 지은 건지 어찌 알았소?"

옆에 앉은 노인이 눈을 슴벅거리며 물었어요.

"이 길로 가면 유배지가 삼수나 갑산 아니겠소. 보통 중한 죄가 아니고서야 그런 고생지로 보낼 리가 있나."

담배를 뻑뻑 빨아들인 노인은 담뱃대를 바닥에 탁탁 치며 재를 털었어요.

"삼수랑 갑산이라……. 그런데 거기가 어디요? 난 들어 본 적이 없는데……."

"함경남도에 있잖수. 소문에는 우리나라 땅덩어리 중에 삼수만큼 추운 곳은 없다더구먼. 길도 험하고, 눈은 수척 높이로 쌓인다더라고. 갑산도 그렇고."

"그리 힘든 곳으로 보내는 걸 보니 자네 말대로 정말 중한 죄를 지은 모양이구먼. 아직 젊은데 어쩌다 그랬을꼬. 쯧쯧……."

정자나무 아래 모여 앉은 노인들은 멀어져 가는 죄인들을 바라보며 너도나도 혀를 찼어요.

여기서 나온 말이 '삼수갑산을 가다.'입니다. 아주 멀고 험한 곳으로 가거나 어려운 지경에 처했을 때를 일컫는 말입니다.

이럴 때 이렇게 쓰여요

건강을 위해 가족과 함께 등산을 해 보는 건 어떨까요? 오르기 힘든 가파르고 높은 산 말고 가까운 곳에 있는 오르기 쉬운 산부터 가 보는 거예요. 그래도 아마 처음에는 힘들어서 엄살이 절로 나올 거예요.
"으아, 이거 완전 삼수갑산 가는 것보다 더 힘들잖아요!"

해산했을 때는 미역국을 먹어야지!

1907년, 대한 제국 시절입니다.

우리나라를 강제로 차지한 일본은 우리 군대도 자기들 마음대로 해산시켰어요.

"군인으로서 나라를 지키지 못했으니 만 번 죽어 마땅하다."

군대 참령*이었던 박승환은 분을 참지 못해 권총으로 스스로 목숨을 끊었지요. 그러자 해산된 군인들이 나라를 되찾겠다며 너도나도 의병이 되었어요.

"소문 들었어요? 일본이 우리 군대를 강제로 해산……."

"쉿, 그런 말 함부로 하지 마시오. 자칫 잘못하다가는 끌려가는 수가 있으니."

사람들은 둘만 모여도 머리를 맞대고 소곤거렸어요.

"우리 군대가 미역국을 먹었다는구먼."

"나도 들었네. 우리나라를 식민지로 만들 생각인 거지."

"죽일 놈들! 왜 남의 나라에 와서 콩 놔라 팥 놔라야."

양반들도 숨죽여 소곤거렸어요.

*참령 : 오늘날의 소령.

일제 강점기는 언제예요?

일본이 대한 제국을 강제로 병합한 1910년 8월 29일부터 우리가 해방을 맞은 1945년 8월 15일까지, 35년간을 일제 강점기라고 합니다. 그 시기에 일본은 우리 군대를 마음대로 해산하고 쌀과 토지, 금광 등 수많은 자원과 문화 유물을 약탈했어요. 우리의 말과 글을 쓰지 못하게 하고, 역사를 엉터리로 조작하기도 했지요. 하지만 우리는 중국 상하이 등에 학원을 세워 우리글과 역사를 가르쳤고, 온 국민이 똘똘 뭉쳐서 삼일 운동을 하는 등 끊임없이 독립운동을 펼친 끝에 해방을 맞이할 수 있었지요.

"나리, 궁금해서 그러는뎁쇼. 군대가 해산한 걸 왜 미역국 먹었다고 한대요?"

옆에서 듣고 있던 머슴이 덩달아 숨을 죽인 채 물었어요.

"아녀자들이 아기를 낳는 것을 '해산했다.'라고 하질 않느냐. 그때 꼭 먹는 것이 뭐지?"

"그야 미역국이지유."

"그래서 '미역국 먹었다.'고 하는 거야. 물론 같은 말이라도 뜻이 다르지만 우리끼리만 알아들으려면 어쩔 수 없지 않느냐. 이렇게 말하면 아주 눈치 없는 놈들 빼고는 다 알아듣거든."

그제야 머슴은 이해했다는 듯 고개를 끄덕였어요. 그러고는 이내 땅이 꺼지도록 한숨을 내쉬었지요.

> 일제 강점기는 우리 군대가 일본에게 강제로 해산되어도 대놓고 항의할 수 없는 시절이었지요. 그래서 우리끼리 '미역국 먹었다.'는 말로 울분을 달랜 것입니다. 그 후로 어떤 단체가 해산되었을 때 '미역국 먹다.'라는 표현을 썼습니다. 오늘날에는 시험에서 떨어지거나 직위에서 밀려 났을 때를 뜻하는 말이 되었고요.

이럴 때 이렇게 쓰여요

뉴스를 보는 엄마 아빠의 한숨이 부쩍 늘었어요. 요즘 취업을 하는 게 하늘의 별따기라나 봐요. 그래서 안정된 직업을 얻기 위해 시험을 치르는 사람들도 많고요. 하지만 열심히 한다면 언젠가 좋은 결과를 맺을 테니 그런 이야기에 주눅 들지 말고 노력해 보아요!

"옆집 아들도 이번 시험에서 미역국 먹었다던데. 그렇게 열심히 해도 떨어진 걸 보면 정말 힘들긴 힘든가 보네."

아이 나리를 놀리네, 얼레리 꼴레리!

조선 시대에, 한 나이 어린 소년이 과거 시험에 합격하여 고을 원님으로 가게 되었어요.

어린 원님은 이방, 호방 등 여러 아전들을 데리고 고을을 살피러 나갔다가 밭가에서 잠시 쉬었어요.

"자네들 아나? 저 원님 말이야, 열네 살밖에 안 됐대."

"허허, 열네 살? 아이 나리라고 불러야겠구먼. 그런데 아이 나리가 원님 노릇을 제대로 하겠어?"

"그러니까 저 아이 나리를 우리 손에 넣고 마음대로 주물러 보자고."

"낄낄……. 좋지! 이제야 우리 마음대로 일할 수 있겠네그려."

아전들은 자기들끼리 모여 앉아 숙덕거렸어요. 그 소리는 어린 원님의 귀에도 들렸지요.

잠시 생각에 잠겼던 어린 원님이 아전들

조선 지방 행정관은 무엇이 있나요?

조선 시대에 오늘날의 팔도 체제를 완성했습니다. 이렇게 나눠진 각 도에는 도를 관장하는 관찰사(오늘날 도지사, 종2품), 부윤(광역시장, 종2품)이 있었어요. 그 아래로 대도호부(도호부사, 정3품), 목(목사, 정3품)을 두었고, 다시 그 아래는 부(부사, 종3품), 군(군수, 정4품), 큰 현에는 현령(종5품), 작은 현에는 현감(종6품)을 파견했어요. 현감의 경우 대과에 장원 급제한 이가 처음으로 받을 수 있는 벼슬이었으며, 임기는 보통 5년이었습니다. 오늘날 동사무소 동장과 같은 직책이지만 조선의 현감은 사법권과 조세권 모두를 가지고 있었답니다.

을 불러서 명령했어요.

"그대들은 저 수수밭에 가서 수수를 뿌리째 뽑아 오시오."

아전들은 수수밭엔 가지 않고 피식피식 웃으며 수군댔어요.

"저것 봐. 어리니까 수숫대나 갖고 놀려고 하지."

"과거 급제를 했어도 애는 애라니까."

그중 한 아전이 마지못해 수수를 뿌리째 뽑아 왔어요.

"그 수수를 꺾거나 부러뜨리지 않고서 그대의 소매 속에 다 넣어 보시오."

어린 원님의 말에 아전은 '별 웃기는 짓을 다 시키네.'라고 생각하며 시킨 대로 수수를 소매 속에 넣어 보았어요. 하지만 수수가 길어서 꺾지 않고는 도저히 소매 속에 다 넣을 수가 없었지요.

"원님, 수수가 길어서 소매 속에 다 안 들어갑니다."

아전이 빈정거리듯 말했어요.

그러자 어린 원님은 버럭 화를 내며 소리쳤지요.

"이 수수는 이제 겨우 반 년밖에 자라지 않았다. 반 년밖에 안 된 수수도 그대들의 소매에 넣지 못하면서 어찌 열네 해씩이나 자란 나를 그대들 손에 넣겠느냐?"

그제야 아전들은 넙죽 엎드리며 잘못을 빌었어요.

"아이구, 잘못했습니다! 제발 한 번만 용서해 주십시오."

그 뒤로 누구도 어린 원님을 '아이 나리'라고 놀리지 않았답니다.

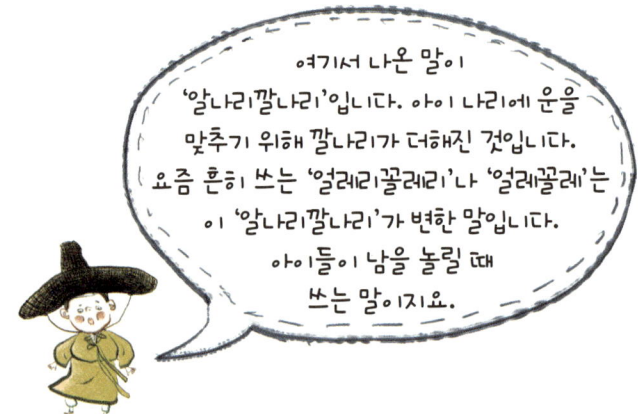

여기서 나온 말이 '알나리깔나리'입니다. 아이 나리에 운을 맞추기 위해 깔나리가 더해진 것입니다. 요즘 흔히 쓰는 '얼레리꼴레리'나 '얼레꼴레'는 이 '알나리깔나리'가 변한 말입니다. 아이들이 남을 놀릴 때 쓰는 말이지요.

이럴 때 이렇게 쓰여요

오늘 진구네 반에 전학생이 왔어요. 아주 예쁘게 생긴 연우라는 친구예요. 연우는 진구와 짝이 되었네요. 그런데 진구 얼굴이 새빨개지는 게 아니겠어요? 그 모습을 본 친구들이 킥킥댑니다.

"얼레리 꼴레리, 진구가 연우한테 반했대요!"

차비노가 차비를 해야 시작하지!

왕과 왕비가 거처하던 궁궐에서 이런저런 잡일을 맡아 하는 종을 차비노라고 했어요.

"장이야, 얼른 이리 좀 와 봐."

수라간 김 나인이 차비노 장이를 향해 소리쳤어요.

장이는 얼른 물동이를 주방에 내려놓고 김 나인 앞으로 종종걸음을 쳤어요.

"이 고기를 얇게 저미서 소금 간 좀 해."

김 나인은 소고기 한 덩이와 도마를 장이 앞으로 밀었어요.

"얇게 저미라는 걸 보니 임금님께 산적을 올리실 거지요?"

"오, 제법인걸. 그래, 산적을 만들 거야. 네가 기초 작업을 잘해야 산적이 맛있게 되는 거 알지? 고르게 잘 저며야 해. 두께가 들쭉날쭉하면 익는 것도 문제지만 간도 고르지 않거든."

"네, 알고 있어요. 걱정 마세요, 나인님."

차비노 장이는 임금님이 드실 선홍빛이 도는 싱싱한 소고기를 최선을 다해서 얇게 저몄어요.

그 때 마당에서 이 나인의 목소리가 들렸어요.
"차비노 어딨느냐?"
장이는 칼질을 멈추고 얼른 마당으로 나갔지요.
"임금님 저녁 수라에 올릴 나물이다. 얼른 다듬어서 씻어 오너라."
이 나인이 나물이 든 바구니를 장이 앞으로 내밀며 말했어요.
"이 나인님! 저기, 지금 산적 만들 고기를 저미는 중이라……."
"그럼, 다른 차비노라도 불러 와."
이 나인이 얼굴을 찡그리며 날카로운 목소리로 말했어요.
"다른 나인님의 심부름으로 생과방에 가서 아직 돌아오지 않았어요."
차비노 장이가 어쩔 줄 몰라 하며 기어드는 소리로 말했어요.
"그럼 소고기는 이따 저미고 이것부터 다듬어 와."

이 나인은 나물 바구니를 장이에게 내밀고는 휑 돌아섰어요.

차비노 장이는 도마 위에 놓여 있는 소고기와 나물 바구니를 번갈아 봅니다.

'김 나인님이 먼저 말씀하신 거니까 고기부터 얼른 저미고 나물을 다듬어야겠다.'

이것저것 손질해서 준비해 놓으려니 마음이 바빴어요. 장이는 칼질을 서둘렀어요.

> **궁궐의 살림은 어디서 돌보았나요?**
>
> 조선 시대 궁궐의 안살림은 침방, 수방, 세수간, 생과방, 소주방, 세답방 이렇게 여섯 부서에서 나누어 맡았는데, 이를 육처소라고 합니다. 침방은 침모들이 바느질하던 곳, 수방은 수놓는 일을 맡아보는 곳, 세수간은 왕과 왕비의 세수와 목욕에 관한 일을 맡아보던 곳입니다. 생과방은 생과, 전과, 다식, 죽 따위의 별식을 만드는 일을 맡아보았고, 소주방은 음식을 만들던 곳이며, 세답방은 빨래와 다듬이질, 다림질 따위를 맡아 하던 곳입니다. 차비노는 이런 궁궐이나 중앙 관청에서 잡일을 맡아 하던 종입니다.

"고기 다 저몄니?"

그 때 김 나인이 수라간으로 들어서며 물었어요. 뒤이어 이 나인도 들어왔어요.

"차비노야, 나물 다 다듬었니? 이리 줘."

손을 내밀다 말고 이 나인은 뿌리가 그대로 있는 나물 바구니를 봤어요.

"여태 뭐했어? 네가 준비를 끝내 놔야 삶아서 무칠 거 아냐?"

이 나인이 소리를 질렀어요.

차비노 장이는 울상을 짓고 이 나인과 김 나인을 번갈아 봤어요.

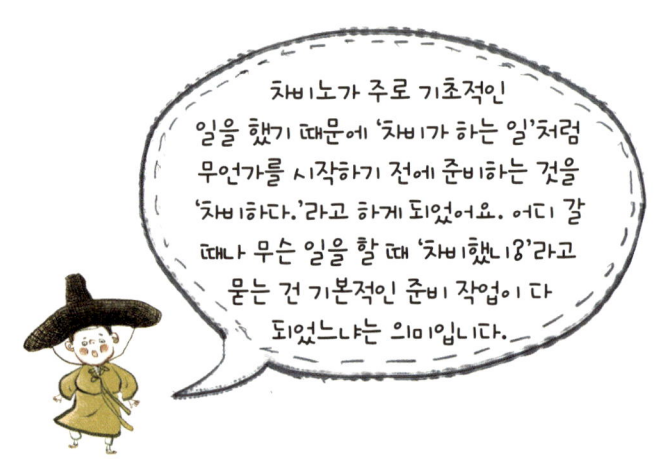

차비노가 주로 기초적인 일을 했기 때문에 '차비가 하는 일'처럼 무언가를 시작하기 전에 준비하는 것을 '차비하다.'라고 하게 되었어요. 어디 갈 때나 무슨 일을 할 때 '차비했니?'라고 묻는 건 기본적인 준비 작업이 다 되었느냐는 의미입니다.

이럴 때 이렇게 쓰여요

연휴에 시골 할머니 댁에 가려면 차가 막히는 걸 피하기 위해 꼭두새벽부터 출발하곤 하지요. 그런데 무척 이른 시간이라 도저히 눈이 떠지질 않을 거예요. 그럼 엄마가 이렇게 외치죠.

"얼른 일어나서 시골 갈 차비를 해야지!"

열립해서 손님을 모으는 여리꾼

조선 시대에, 한양의 종로 육의전에서 비단을 사고파는 선전의 김 씨가 둘째 아들에게 말했어요.

"둘째야, 네 나이가 이제 스물이지? 장사에 대한 요령도 터득했고, 그만하면 훌륭한 상인이 될 수 있을 거 같구나. 가게를 내줄 테니 잘 맡아서 해 봐라."

김 씨의 말에 둘째 아들은 입이 벙싯 벌어졌지만 김 씨의 큰아들은 입이 툭 튀어나왔어요.

"아버지, 저는요? 저는 언제 가게 내줘요?"

김 씨는 말없이 큰아들을 바라봤어요.

김 씨는 두 아들에게 물건을 사고파는 데 필요한 정도의 글자를 가르친 뒤 열다섯 살이 되었을 때 각각 다른 가게의 심부름꾼으로 보냈습니다. 상인 수업을 받으라는 뜻이었지요. 그렇게 똑같은 과정을 거쳤지만 큰아들은 셈도 느리고 사람 보는 눈도 떨어졌어요.

"너는 내일부터 열립으로 나서거라."

김 씨의 말에 큰아들은 입술을 지그시 눌렀지요.

"비단이요… 비단!"

열립군은 가게 앞에 서서 지나가는 사람을 가게로 끌어들여 물건을 사게 하는 사람이었거든요.

"셈은 느려도 넌 붙임성이 좋지 않으냐? 머리 아프게 계산하는 것보다 열립군으로 나서는 편이 너한테 훨씬 나을 게야."

큰아들은 아버지의 단호한 말투에 하는 수 없이 다음 날부터 열립군으로 나섰어요.

남의 눈에 잘 띄도록 노란 초립을 쓰고 까치등거리*도 입었어요.

"이리 오세요. 오늘 들어온 싱싱한 생선입니다. 이거 한 마리면 밥이 술술 넘어가요!"

건너편 어물전의 열립군은 큰 소리로 떠들며 사람들을 불러들였어요.

큰아들도 목청껏 외치고 싶었지만 입술이 딱 붙은 것처럼 떨어지질 않았지요.

"어머니, 저 사람들 옷 좀 보세요. 하하, 웃기다!"

지나가던 아이가 열립군들의 모습을 보

> **육의전에는 무엇무엇이 있었나요?**
> 육의전은 비단을 파는 선전, 무명을 파는 면포전, 명주를 파는 면주전, 종이를 파는 지전, 모시를 파는 저포전, 생선을 파는 내외어물전으로 이루어졌어요. 국가로부터 물건을 생산하고 판매할 수 있는 권리를 부여받은 대신, 국가와 관청에서 사용하는 모든 물건과 중국에 주는 공물까지 무상으로 공급해야 했답니다.

*까치등거리 : 조선 시대에 죄인에게 매를 때리거나 죄인을 압송하는 역할을 했던 나장이 입었던 옷으로, 검정 바탕에 바둑판 모양의 흰 줄무늬가 그려져 있음.

고 깔깔거리자 큰아들은 창피해서 얼른 고개를 돌렸어요. 하지만 귀는 여전히 아이 쪽으로 쏠렸지요.

"그렇게 웃으면 안 돼! 아주 중요한 일을 하는 분들이야. 저 분들이 잘해야 물건도 잘 팔리거든."

엄마의 말에 아이는 고개를 끄덕였어요.

'그래, 중요한 일이지. 아주 중요한 일!'

그 말에 용기를 얻은 큰아들이 힘차게 가게 앞으로 걸어갔어요. 그러고는 어깨를 쫙 펴고 사람들을 향해 힘껏 외쳤어요.

"비단이요, 색깔 예쁘고 감촉 좋은 비단입니다!"

> 여기서 나온 말이 '여리꾼'입니다. 상점 앞에 늘어서서 손님을 기다린다는 뜻의 '열립군'에서 '여리꾼'이 되었어요. 손님을 끌어들여 물건을 사게 하고 주인에게 삯을 받는답니다.

이럴 때 이렇게 쓰여요

남대문 시장에 가 본 적 있나요? 없는 게 없을 정도로 다양한 물건들이 가득하지요. 그 물건들을 팔기 위해 재밌는 말로 사람들을 불러 모으는 소리도 여기저기서 들을 수 있어요. 정신이 없어서 혼이 쏙 빠질 수 있으니 엄마 손을 꼭 붙잡고 다녀야 해요! 엄마의 한마디를 들어볼까요!

"저 아주머니 말씀하시는 게 열립해서 손님을 모으던 여리꾼 못지 않네. 호호!"

기별을 보내어 소식을 전하라!

고려와 조선 시대에 기별이란 통신문이 있었어요.
매일 아침, 왕의 명령이나 새로 발표한 법령 등을 적은 것입니다.
"자, 오늘 아침 기별이다. 내용이 많으니 서둘러 베껴라."
관원이 문서의 기록과 관리를 맡는 기별 서리들에게 말했어요.
기별 서리들은 붓에 먹물을 듬뿍 묻혀서 바삐 기별을 베껴 썼어요. 그래야 새로 발표된 법령이나 임금님의 명령을 서울과 지방의 여러 관청으로 빨리 보낼 수 있거든요.
"오늘은 왜 이렇게 내용이 많지?"

한 글자라도 틀리면 안 되기 때문에 바짝 신경을 쓰느라 기별 서리들은 몸이 땀으로 흠뻑 젖는 듯했어요.
"드디어 다 됐군. 기별 군사, 어서 이 통신문을 각 관청으로 전달해라. 다른 때보다 늦었으니 서둘러야 할 것이다."
관리는 기별 군사들에게 통신문을 나

> **기별 제도가 뭐예요?**
> 고려와 조선에도 지금과 같이 중앙 정부에서 지방 정부에 발송하는 통신문이 있었는데, 이를 '기별'이라 했어요. 오늘날 '관보'라고 할 수 있지요. 중앙 정부에서 발생하는 중요 소식, 인사, 법제도 등을 전하는 것입니다. 기별을 그대로 베끼는 사람을 '기별 서리'라 하고, 그것을 전달하는 군사를 '기별 군사'라고 합니다. 지방에 보내는 관보는 대개 오일치를 묶어 한 봉투에 넣어 발송했어요.

눠 주었어요.

"새로운 소식이 궁금해서 다들 목을 길게 빼고 기다릴 거야. 어서 가자고."

"그래야지. 다녀와서 보자고."

기별 군사들은 소식지를 챙겨서 각자 맡은 관청을 향해 바삐 말을 몰았어요.

> 여기서 나온 말이 '기별하다.'입니다. 다른 곳에 있는 사람에게 소식을 전한다는 뜻입니다.

이럴 때 이렇게 쓰여요

방학을 맞아 친구 할머니 댁으로 놀러간 승호. 친구 할머니가 해 주시는 맛있는 음식을 먹고, 친구들과 산과 들로 놀러 다니느라 정신이 팔려 집에 연락하는 것도 깜빡했지 뭐예요. 밤이 늦어서야 집에 전화를 했어요. 전화를 받은 엄마는 안도의 한숨을 내쉬며 말합니다.

"아무런 기별이 없어서 걱정했잖니. 재미있게 놀다 오렴!"

이 사람으로 점을 찍겠소!

조선 시대의 일입니다.

"여봐라, 이조 판서를 들라 하라."

임금님의 성난 목소리에 상선은 얼른 편전*을 나와 어명을 전달했어요.

이조 판서는 즉시 궁궐로 들어가 임금님을 뵈었어요.

"상감마마, 찾으셨사옵니까?"

이조는 특정 직책에 어울릴 만한 사람을 뽑아서 임금에게 추천하는 일을 맡은 부서입니다. 그 부서의 우두머리가 바로 판서이지요.

"하루 빨리 도승지를 임명해야 하거늘 어찌하여 아직도 후보자 추천이 없는 게요?"

임금님의 목소리가 편전 안을 쩌렁쩌렁 울렸어요.

> **조선 시대 벼슬 등급은 어땠나요?**
> 조선 시대 벼슬은 정9품계와 종9품계로 총 18품계가 있었어요. 지방시인 생원시에 합격하면 종9품인 참봉직을 받았고, 대과인 과거 시험에서 장원 급제(갑1등)를 하면 종6품에 해당하는 벼슬을 주었지요. 이미 벼슬에 있던 사람은 4품을 올려 주었답니다. 이들 관료들은 궁궐 조회시 임금을 직접 알현할 수 있는 당상관(정3품 이상)과 알현할 수 없는 당하관(정3품 이하)으로 구분되고, 조회에 참여가 가능한 참상관(종6품 이상)과 조회 참여가 어려운 참하관(종6품 이하)으로 구분되었어요. 참상관부터 여러 가지 특권을 누리는 고위급 관료였답니다.

*편전 : 임금이 평상시에 거처하던 건물.

"황송하옵니다. 중요한 자리인 만큼 신중을 기하느라 늦었사옵니다. 그렇지 않아도 후보자 세 사람을 확정하여 막 아뢰려던 참이었사옵니다."

이조 판서는 머리를 조아린 뒤 준비해 온 문서를 올렸어요.

임금님은 문서를 펴고 세 명의 후보자를 차례로 들여다보며 곰곰이 생각에 잠겼어요.

"음, 어느 면으로 보나 이 사람이 낫겠군."

임금님은 붓을 들어 맨 첫머리에 적힌 이름 위에 점을 찍었어요.

"낙점하였소. 이리 처리하도록 하시오."

임금님의 말에 이조 판서는 다시금 머리를 조아렸습니다.

'낙점'이란 점을 찍는다는 뜻입니다. 임금님은 추천한 후보자들 중에서 알맞다고 생각되는 사람의 이름에 점을 찍어 임명을 결정했어요. 이로부터 자기 마음에 드는 대상을 고르는 것을 '점을 찍는다.'고 하게 되었어요. 임금이 낙점을 하듯이 말이에요.

이럴 때 이렇게 쓰여요

새로운 학년이 시작되면 새로운 친구들과 만나지요. 그중에는 마음에 드는 이성 친구가 눈에 보이기도 하고요. 용기 있는 사람이 멋진 친구를 얻는 법!
"정훈이는 내가 점 찍었으니까 건드리지 마! 으힛!"

낮에 시를 지으니 백일장이네!

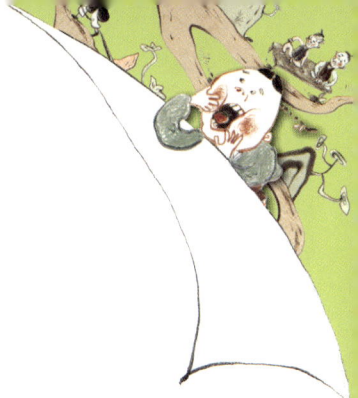

조선 3대 태종 임금 때입니다
태종 임금이 성균관으로 행차를 했어요.
임금님의 행차 소식에 성균관이 분주해졌어요.
"임금님 앞에서 시회를 연대!"
"대낮에 시회를?"
뜬금없는 시회 소식에 더욱 술렁거렸지요.
임금님이 성균관을 방문하는 일은 자주 있었습니다. 사당에 모셔 놓은 옛 성인을 뵙고, 성균관 유생들도 둘러보려고 말이지요. 하지만 낮에 시회를 여는 일은 없었어요.
시회는 제목이나 주제를 정해서 그에 관련된 시를 지으며 서로의 재주를 겨루는 것이었는데, 주로 달밤에 뜻이 맞는 사람들끼리 어울려 즐겼습니다.
"왜 이리 소란스러우냐? 상감마마께서

성균관이 대학교였대요!

조선 시대의 서당은 지금의 초등학교, 성균관은 국립대학교라 할 수 있어요. 당시 최고의 교육 기관이자 나라의 큰 의례를 치르는 장소였던 성균관의 입학 정원은 소과 복시에 합격한 200명이었어요. 이들은 모두 학비와 숙식비를 내지 않아도 되었지요. 성균관 유생들은 성균관에서 공부하고 있다는 사실을 확인해 주는 동그라미 모양의 원점을 받았는데, 이 원점이 300점이 넘으면 대과에 응시할 수 있었어요. 하지만 이들에게는 정기 과거 시험 외에도 별시를 통해 관직에 진출할 수 있는 기회가 많았지요. 성균관에는 유생들의 공간인 동재와 서재, 강당인 명륜당 등이 있습니다. 또한 공자를 비롯해 유학 성현들을 모시고 제사를 지내는 공간도 갖추고 있답니다.

기다리고 계신데 어서 명륜당으로 들지 않고!"

스승님의 꾸지람에 유생들은 서둘러 명륜당으로 향했어요.

유생들은 임금님께 차례로 예를 올리고 줄지어 앉았지요.

"낮에 시회를 연다고 해서 놀랐느냐?"

태종 임금은 유생들을 향해 빙긋이 웃고는 말을 이었어요.

"내 이 자리에서 바로 시문을 짓게 하여 그대들의 기량을 보고자 한다. 제일 잘 지은 한 사람을 장원으로 뽑아 상을 줄 것이다. 과거 시험처럼 장원에게 관직을 주는 것은 아니지만 다른 사람들과 기량을 견주며 자신의 재주를 시험해 볼 수 시간이니 긴장하지 말고 소신껏 써내도록 하여라."

태종 임금은 말을 끝내고 시관*을 향해 고갯짓을 했어요. 그러자 시관이 종이에 커다랗게 쓴 시제를 걸었어요.

유생들은 시제를 바라보며 저마다 골똘히 생각에 잠겼어요.

그 뒤, 서울뿐 아니라 지방에서도 낮에 시회를 열곤 했답니다.

*시관 : 조선 시대에 과거 시험에 관계된 일을 하는 관리를 통틀어 이르던 말.

이럴 때 이렇게 쓰여요

글 쓰는 걸 좋아하는 친구들은 아마 가장 기대되는 학교 행사가 백일장일 거예요. 학교를 떠나 자연에서 엄마가 싸 준 맛있는 도시락도 먹고, 글을 잘 쓰면 상도 받을 수 있으니까요!

"내일은 백일장이 열리는 날이니까 다들 8시까지 운동장으로 집합하도록!"

역사 속으로 다녀온 우리말 여행

역사 속으로 떠난 우리말 여행, 즐거웠나요?

재밌기도 하고, 안타깝기도 하고, 마음이 아프기도 했지요?

우리가 쓰는 '우리말' 속에는 그 당시 사람들의 생활 모습과 생각이 담겨 있기 때문이에요. 거기에는 사람들의 아픔, 기쁨, 슬픔이 고스란히 녹아 있지요. 그래서 우리말을 안다는 건 역사를 알고, 그 시대를 살았던 사람들을 이해하는 일이기도 해요.

하지만 이런 우리말 여행을 준비하면서 여러 가지 안타까운 점이 많았답니다. 어떤 말은 그에 얽힌 정확한 자료를 찾기가 어려웠고, 또 어떤 말은 생겨난 이유가 여러 개인데 어느 것이 정확한 것인지 밝혀내기가 어려웠어요. 그 말이 생겨난 후로 입으로만 전해진 채 너무 많은 시간이 흘러 버렸거든요. 그래서 슬며시 걱정이 되었답니다. 시간이 더 흐를수록 어원을 알아내는 건 그만큼 더 어려워질 테니까요. 그래도 더 늦기 전에

  이만큼이라도 우리말이 품고 있는 이야기들을 책으로 풀어낼 수 있게 되어 참 다행이라고 생각해요.

  여러분들도 평소 듣는 낱말들을 그냥 흘려 버리지 말고 '저 말 속에는 어떤 이야기가 숨어 있을까?' 한 번쯤 생각해 보길 바라요. 여러분이 사는 곳의 마을 이름이나 골목 이름도 마찬가지랍니다. '왜 이런 이름이 붙었을까?' '이 이름에는 어떤 이야기가 담겼을까?' 하며 궁금증을 품고, 상상해 보고, 어른들께 여쭤도 보세요. 또 도서관에 가서 책이나 자료집을 뒤적여 보는 것도 좋은 방법일 거예요. 그러다 보면 그 낱말이나 이름들이 품은 또 다른 이야기 속으로 즐거운 여행을 떠날 수 있지요. 그 말들은 모두 자기만의 이야기를 꼭꼭 품고 있거든요. 이런 여러 이야기는 우리 삶을 더 풍성하고 아름답게 가꿔 줄 거랍니다.

2015년   이경순

찾아보기

ㄱ
갑신정변 61
개성상인 130
개화기 외래 문물 121
경복궁 화재와 재건 70
경성 89
경수소 102, 113
고종 59, 63, 66, 70, 72, 73, 74, 75
교지 140
군대 해산 147, 148, 149
궁궐의 살림을 돌보는 곳들 154
기별 제도 160
김옥균 59, 60, 61
까치등거리 158
깍쟁이 130, 133

ㄴ
나졸 138
낙점 164
난장 109, 110, 112
남산골 샌님 124, 126
노다지 75, 76
농경 사회의 서민 생활 118

ㄷ
당백전 70, 71
당파 싸움 45, 47
대한 제국 63, 65, 72, 89, 147, 148
두문동 16
두문불출 14, 16

딴전 80
딸깍발이 126
땅돈 70, 71

ㅁ
만석중 36, 37, 39
망석중 36, 39
무과 95, 97
무당 83, 84, 85
물주 120, 121, 122, 123

ㅂ
바가지 83, 85, 120, 121, 122, 123
박원종 27, 28
백일장 165, 166
백정 87
보리동지 52, 54, 55
보릿고개 116, 118, 119
보릿자루 27, 28, 30
부역 70
북촌과 남촌 124

ㅅ
사돈 12, 14
사명당 40, 41, 42, 43
사월 초파일 36
삼수와 갑산 144, 146
삼일천하 59, 61
상선 98
상왕 20

생육신과 사육신 21
서안 88
서자 95
선농단 98
선농제 98, 100
선왕 22
선조 40
성균관 165
성삼문 21, 22
성희안 27, 28, 30
세조 21, 22
숙주나물 21, 23
순라군 101, 102, 113, 115
술래 115
승문원 105
시관 167
신래 불리기 105
신래위 105, 106, 108
신숙주 21, 22
실랑이 105, 108
십년감수 72, 74

ㅇ
안성 유기 92
안정복 57, 58
얼레리 꼴레리 150, 152
여리꾼 157, 159
연산군 24, 26, 27, 28
열립 157
영감, 영감마님 140, 141, 142

영조 44, 45, 47
오경 101, 113
오연총 12, 13
옹고집전 48, 50, 51
왕자의 난 19
외상 89, 90, 91
우리나라 화폐의 역사 127
우정국 59, 61, 121
운산 광산 75
운종가 81
원님 150, 152
유기그릇 92, 93
유기장 92
유배 144, 145
육의전 157, 158
육처소 154
윤관 12, 13, 14
을사늑약 63
이경 101
이방원 18, 19
이판사판 86, 88
인정과 파루 101, 102
일제 강점기 148, 149
일제 강점기 금광 개발 75
임진왜란 42

ㅈ
자린고비 31, 34, 35
자인고비 31, 34
잡동산이 57, 58

전통 굿 83
조륵 31, 32, 33, 34
조선 시대 과거 시험 제도 110
조선 시대 관청 106
조선 시대 벼슬 등급 162
조선 시대의 관직 제도 141
조선 시대의 역참 제도 138
조선 지방 행정관 150
조선의 건국 15
조선의 불교 86
조선 후기 신분 제도의 변화 54
중종반정 28
지족선사 36, 37, 38

ㅊ
차비노 153, 154, 155
차사 20
참령 147
채홍사 24, 26
초경 113
축음기 72, 74

ㅌ
탕평채 44, 47
탕평책 44, 47
태조 이성계 15, 16, 17, 18, 19
태종 165

ㅍ
파발 138

파발꾼 138
패거리 134, 136
푼돈 127, 128, 129

ㅎ
한량 95, 97
한양 수비군 134
한참 137, 138, 139
함흥차사 18, 19, 20
황진이 37
흥선 대원군 66, 70
흥선 대원군과 경복궁 66
흥청망청 24, 26

전통문화 속에 숨어 있는 재미난 우리말

우리말에 숨은 뜻과 유래를 익히면서
역사와 문화를 배워요!

01 오지랖과 시치미와 도루묵을 찾아라!

전통문화 속에서 우리말을 찾을 수 있다고요?

매의 다리에 달려 있던 시치미를 떼어 볼까요?

글 이규희 | 그림 지문 | 136쪽 | 180*250 | 값 11,000원

우리나라 고유의 옷, 음식, 집, 생활 도구와 풍속 등
전통문화를 잘 살펴보면 그 안에 꼭꼭 숨겨진 것들이 있습니다.
혹시 무엇인지 알고 있나요? 바로 우리말입니다.
오랜 기간에 걸쳐 내려온 우리의 전통문화 속에 숨어 있는 우리말의
재미있는 유래와 의미를 나래, 민우, 유리, 동구와 함께 찾아보아요!
지금도 사용되는 많은 말들이 얼마나 오래전부터
쓰인 건지 알게 된다면 아마 깜짝 놀랄 거예요!

〈재미난 우리말〉 시리즈는 계속 출간됩니다.